Paulina Szczepaniak

Frühe nachbarsprachige Bildung in Kitas entlang der sächsisch-polnischen Grenze

BACHELOR
MASTER
Publishing

Szczepaniak, Paulina: Frühe nachbarsprachige Bildung in Kitas entlang der sächsisch-polnischen Grenze, Hamburg, Bachelor + Master Publishing 2016
Originaltitel der Abschlussarbeit: Frühe nachbarsprachige Bildung in Kitas entlang der sächsisch-polnischen Grenze

Buch-ISBN: 978-3-95993-021-5
PDF-eBook-ISBN: 978-3-95993-521-0
Druck/Herstellung: Bachelor + Master Publishing, Hamburg, 2016
Zugl. Europa Universität Viadrina, Frankfurt (Oder), Deutschland, Bachelorarbeit, 2016

Bibliografische Information der Deutschen Nationalbibliothek:
Die Deutsche Nationalbibliothek verzeichnet diese Publikation in der Deutschen Nationalbibliografie; detaillierte bibliografische Daten sind im Internet über http://dnb.d-nb.de abrufbar.

© Bachelor + Master Publishing, Imprint der Diplomica Verlag GmbH
Hermannstal 119k, 22119 Hamburg
http://www.bachelor-master-publishing.de, Hamburg 2016
Printed in Germany

Inhaltsverzeichnis

Abstract

Wczesna nauka języka sąsiada w polsko-niemieckim regionie przygranicznym jest jednym z najbardziej aktualnych tematów zarówno w polskiej jak i niemieckiej oświacie. Z licznych badań naukowych wynika jednoznacznie, że wielojęzyczność staje się coraz bardziej atrakcyjna dla rozwoju dziecka, a w odległej perspektywie przyczynia się do poprawy stosunków ekonomiczno-społecznych pomiędzy sąsiedzkimi państwami.

Regiony przygraniczne oferują wyjątkowo sprzyjające warunki do nauki języka sąsiada, przede wszystkim dzięki możliwości praktycznego używania języka obcego- w autentycznych sytuacjach. Nic więc dziwnego, że jest coraz więcej polskich i niemieckich inicjatyw, które starają się wspierać naukę języka sąsiada już od najmłodszych lat. *„Język kraju sąsiedzieckiego od najmłodszych lat"* to projekt Saksońskiej Placówki ds. Wczesnej Nauki Języków Krajów Sąsiedzkich, finansowany przez Saksońskie Ministerstwo Kultury. Z pomocą prac badawczych z pogranicza lingwistyki stosowanej i psychologii kognitywnej wyjaśniam fenomen wczesnej nauki języka sąsiada, ze szczególnym uwzględnieniem procesów uczenia się u dzieci w wieku przedszkolnym.

Dotychczasowe badania Saksońskiej Placówki z zakresu wczesnej edukacji językowej w przedszkolach dotyczą przede wszystkim kraju związkowego Saksonia. W związku z tym, zdecydowałam się na przeprowadzenie ankiety telefonicznej w przedszkolach w powiecie zgorzeleckim. Wyniki wywiadów z dwudziestoma sześcioma nauczycielkami wychowania przedszkolnego zostały przedstawione w empirycznej części pracy. Jest to pierwszy krok w stronę zbadania potencjału językowego po drugiej stronie Odry, a co ważniejsze- istotne źródło informacji, umożliwiające dalszy rozwój Saksońskiej Placówki.

Frühe nachbarsprachige Bildung in der deutsch-polnischen Grenzregion zählt zu den aktuellsten Themen sowohl in der deutschen als auch in der polnischen Bildungslandschaft. Neue Forschungen weisen eindeutig darauf hin, dass die Mehrsprachigkeit an Attraktivität für die kindliche Entwicklung gewinnt und in der erweiterten Perspektive trägt sie auch zu der Verbesserung der wirtschaftlich-sozialen Beziehungen zwischen Nachbarländer bei.

Grenzräume bieten besonders günstige Bedingungen für das Lernen der Nachbarsprache, vor allem dank der Möglichkeit, die Sprache in authentischen Situationen benutzen zu können. Von daher überrascht es nicht, dass immer mehr deutsch-polnische Initiativen versuchen das Lernen der Nachbarsprache schon ab frühesten Jahren zu fördern. „Nachbarsprache von Anfang an!" ist ein Projekt der Sächsischen Landestelle für Frühe Nachbarsprachige

Bildung[1], fachlich unterstützt und finanziert durch das Sächsische Staatsministerium für Kultus.

Mithilfe der Forschungsarbeiten aus dem Bereich der angewandten Linguistik und kognitiver Psychologie wird das Phänomen des frühen Lernens der Nachbarsprache mit besonderer Berücksichtigung der Lernprozesse bei Kindern im Vorschulalter erklärt.

Bisherige Forschungen der LaNa auf der Ebene der frühen nachbarsprachlichen Bildung fokussieren sich in erster Linie auf das Gebiet des Bundeslandes Sachsen. Es gibt jedoch keine Daten, die sich auf das polnische Grenzgebiet beziehen. In diesem Zusammenhang, entschloss ich mich für die Durchführung einer telefonischen Befragung in Kindergärten innerhalb des Görlitzer Umkreises. Die Ergebnisse der Interviews mit 26. Kindergärtnerinnen wurden im empirischen Teil meiner Arbeit aufgezeigt – ein erster Schritt in die Richtung der Potenzialprüfung auf der anderen Seite der Oder und was eine wichtigere Rolle spielt, eine relevante Informationsquelle für die weitere Entwicklung der LaNa.

1. Einleitung

„(...)Entweder resignieren die Kinder, ziehen sich zurück oder klagen darüber, dass ihnen so langweilig ist, oder sie suchen vielfältige Chancen, die Welt dennoch zu entdecken, etwa durch Regel- und **Grenzüberschreitungen**"[2]

Während einer der Gespräche mit den Leiterinnen der polnischen Kindergarteneinrichtungen im polnischem Zgorzelec wurde mir eine interessante Geschichte erzählt. Eines Tages kam zu einer Elternversammlung die Mutter eines 5-jährigen Jungens und mit Begeisterung sprach sie davon, dass ihr Sohn jeden Abend in der Badewanne *„O Tannenbaum, o Tannenbaum, wie schön sind deine Blätter"* singt und obwohl sie kein Wort davon verstehen konnte oder auch nicht wusste, warum dieses deutsches Weihnachtslied zu dem Baderitual ihres Sohnes auf einmal gehörte, fing sie immer an mitzusingen.

Ich denke, diese kurze Erzählung verrät über die Lernprozesse der Kinder mehr als viele von den Büchern, die uns heutzutage so zahlreich zur Verfügung stehen. Diese so lapidar klingende Behauptung deutet etwas Wesentliches an: Als Kind lernt man eine Sprache intuitiv, befreit von der Ideologie der perfekten Sprachbeherrschung und sozialen Zwänge.

---

[1] Im weiteren Kontext der Arbeit wird die Sächsische Landestelle für Frühe Nachbarsprachige Bildung als LaNa abgekürzt.
[2] Vgl. Krenz (2014:202)

Der Lernprozess wird nicht erzwungen, sondern findet auf eine natürliche Art und Weise-spielerisch und musikalisch- statt. Dank dessen steigt auch die wertvolle Motivation, die interessanterweise von der Sprachwissenschaftlerin Ema Ushioda als Haupthindernis auf dem Weg zur Mehrsprachigkeit definiert wurde.[3]

Die Forschungsprojekte der Neurobiologen, Linguisten und Psychologen weisen jedes Mal darauf hin: Kindergartenkinder besitzen entwicklungspsychologische (kognitive) Fähigkeiten, die sprachlichen Einzigartigkeiten effektiver und schneller anzueignen. Der deutsche Pädagoge Norbert Huppertz blickt diesen Fakten direkt ins Auge:

„(...) Wer sich in der Vorschulpädagogik nicht um die zweisprachige Bildung der Kinder kümmert, lässt bestimmte Möglichkeiten der Kinder verkümmern"[4]

Mein dreijähriges Studium in Frankfurt an der Oder sensibilisierte mich für sprachliche und kulturelle Diversität, indem es mir dabei das außergewöhnliche Flair des Grenzgebiets näher brachte.

Es wurde mir vor allem mit der Zeit immer stärker bewusst, dass Orte wie Frankfurt Oder und Słubice oder Görlitz und Zgorzelec das beste Potenzial für die Entstehung der mehrsprachigen Lebenswelten haben.

Die Grenzregionen besitzen eine schöne Eigenschaft, dass sie ihren Bewohnern eine Möglichkeit anbieten, die Sprache des Nachbarlandes in den authentischen Situationen zu erleben. Die Kultur und Lebensweise der Nachbarn lernt man insbesondere im Alltag kennen und dadurch fühlt man sich nicht nur als integraler Teil seiner Nation, sondern identifiziert sich stärker mit anderen Bewohnern der Grenzregion.

Nach vertiefter Beschäftigung mit den Konzeptionen der nachbarsprachigen Bildung in dem deutsch-polnischen Grenzraum wurde ich auf die Initiative der LaNa „Nachbarsprache von Anfang an!" aufmerksam gemacht. Es handelt sich um ein Förderungsprojekt für den frühen Nachbarspracherwerb: Deutsch, Polnisch und Tschechisch in den Kitas[5] des deutsch-polnisch- tschechischen Grenzgebiets.

Ein prominenter Gehirnforscher in der deutschen und polnischen Bildungslandschaft[6], Gerald Hüther, verwendete in seinem neuesten Buch „Jedes Kind ist hoch begabt" einen Satz, der

---

[3] Vgl. Ushioda (2008:19)
[4] Vgl. Huppertz (1999:11)
[5] Im Zuge dieser Bachelorarbeit bezieht sich das Kurzwort Kita auf Kindertagesstätten.
[6] Gerald Hüther ist ein Professor für Neurobiologie an der Universität Göttingen, aber auch Mitgründer der Initiative „Schule im Aufbruch", die im letzten Jahr auch in Polen unterbreitet wurde, unter dem Namen „Budząca się szkoła".

deutlich zeigt, weshalb man den Kindern ohne Bedenken das Lernen der Nachbarsprache anvertrauen kann:

„(...)Kinder entdecken spielend die Welt. Sie probieren so lange, bis auch die schwierigen Dinge gelingen. Sie üben das Scheitern und sie üben das Gelingen. So wächst in ihnen die Erfahrung, mehr zu können, als sie vielleicht geahnt haben. Sie lernen aus sich heraus. Wie von selbst. Es ist wirklich phantastisch, wie einfach das Leben geht. Wenn man die Spielregeln beherrscht, ist das Leben: kinderleicht"[7]

Dieses Zitat spiegelt eine der grundlegenden Annahmen des Konzepts *„Nachbarsprache von Anfang an!"* wieder. Im Fokus des Projekts steht das einzigartige Potenzial der Kinder, ihre angeborene Neugier und Lust auf die Spur der Nachbarsprache zu kommen. Der Sprachwissenschaftler und Mitglied des Expertenbeirats „Frühe nachbarsprachige Bildung in Sachsen" Thomas Vogel bezeichnet die Grenzregion als *„Laboratorium für ein mehrsprachiges, multikulturelles Europa"*[8]. Dieser Vergleich gefiel mir besonders gut, da man sich fragen könnte: „Welcher Ort ist für die Befriedigung der kindlichen Neugier und Unterstützung der Lernmotivation besser geeignet als ein Laboratorium?". Die Initiative der LaNa ermutigte mich zur näheren Auseinandersetzung mit dem faszinierenden, aber auch komplexen Thema des frühkindlichen Nachbarspracherwerbs und ihren Förderungsformen in den Kindergarteneinrichtungen der sächsisch-polnischen Grenzregion. Überdies hinaus erfolgt mit dem wechselseitigen Erfahrungsaustausch und Begegnungen beiderseits der Oder allmählich die Kreation des positiven Images des grenznahen Raumes - ohne Vorurteile zu denken, sondern perspektivisch, optimistisch in die Zukunft zu schauen.

Im ersten Teil meiner Arbeit findet man theoretische Grundlagen, die für das Phänomen des Spracherwerbs und das Konzept der frühen nachbarsprachlichen Bildung einen besonderen Stellenwert haben. Es handelt sich dabei um die psychologischen Aspekte des Lernens und Erstspracherwerbs bei Kindern im Vorschulalter *(„concomitant learning")*.[9] Das Wissen aus dem Bereich der Entwicklungspsychologie ist die Basis für die Gewinnung eines besseren Verständnisses der kindlichen Lernprozesse, Offenheit und Leistungs-, und Anpassungsbereitschaft. Dank dessen kann man auch leichter nachvollziehen, auf welche Art und Weise Kinder überhaupt zu einem geprägten sprachlichen Wissen gelangen. Über die Persönlichkeitsmerkmale und physiologischen Dimensionen des Kindes werden die

---

[7] Vgl. Hüther (2014: 171)
[8] Vgl. Vögel (2010:107)
[9] Vgl. Holt (2003: 112). „Concomitant learning" wird als eine Bezeichnung für die kindliche Fähigkeit benutzt, aus den Situationen des Alltagshandelns zu lernen.

Eigenschaften und Prozesse des Erstspracherwerbs verdeutlicht, da der Erwerb jeder weiteren Sprache nach ähnlichem Muster erfolgt. [10]

Anschließend wird der Begriff des frühen nachbarsprachigen Erwerbs im Sinne einer besonderen sprachlichen Erfahrung im Leben des Kindes näher betrachtet und aufgrund der Beispiele vieldimensional aufgeklärt. Dem Phänomen der Interferenzen als Konsequenz eines gestörten Zweitspracherwerbs wird auch in dieser Hinsicht eine wichtige Rolle zugeschrieben.

Das dritte Kapitel behandelt die zentrale Frage meiner Arbeit: Die Darstellung der Förderungsangebote für die kontinuierliche nachbarsprachige Arbeit in Kitas, in erster Linie bezogen auf die bestehenden Aktivitäten an der sächsisch-polnischen Grenze. Zuerst werden die allgemeinen Werte veranschaulicht, die für Bildungsinitiativen im nachbarsprachlichen Bereich gemeinsam sind.

Die Ziele und Bedeutung des Konzepts der LaNa in Görlitz *„Nachbarsprache von Anfang an!"* im Kontext der Entwicklung und Förderung des frühen Nachbarspracherwerbs auf der institutionellen Ebene (in den deutschen und polnischen Kitas) werden von mir ausführlich analysiert und aufgezeigt. Bemerkenswert ist hierbei entsprechende Betrachtungsweise der interdisziplinären Struktur des Forschungsgegenstands. „Frühe nachbarsprachige Bildung" als Projekt der LaNa für die Förderung und Verbreitung des Nachbarsprachenlernens im Vorschulalter sollte nicht nur ausschließlich unter dem linguistischen Aspekt untersucht werden, sondern mit der Berücksichtigung der Sinn- und Lebenszusammenhänge aus der pädagogischen und bildungswissenschaftlichen Perspektive.

Bisher ist es der LaNa gelungen, Informationen über die nachbarsprachigen Angebote der Kitas in sechs Landkreisen des Landes Sachsen zu sammeln. Offen blieb jedoch die Frage, welche Entwicklungen im Bereich der frühen nachbarsprachigen Bildung bereits auf der polnischen Seite der Oder vollzogen wurden. Mein Ziel ist es eine fundierte Datenbasis über die nachbarsprachige Arbeit in den Kitas in dem polnischen Umkreis Görlitz zu erheben um die Möglichkeiten der Weiterentwicklung und Systematisierung der frühen nachbarsprachigen Bildung auch in dem polnischen Grenzraum zu erschließen. Im Rahmen einer telefonischen Befragung in 26 Kitas des polnischen Umkreises Görlitz gewann ich einen allumfassenden Überblick über all diejenigen Kindergärten in dem polnischen Umkreis Görlitz, die bereits Angebote im Bereich der frühen nachbarsprachigen Bildung unterbreiten oder in der Vergangenheit unterbreiteten. Diese Kindereinrichtungen gelten als Erfahrungsträger auf dem Gebiet der frühen nachbarsprachigen Bildung und können in der Zukunft potentielle Partner für das sachsenweite Netzwerk werden.

---

[10] Vgl. Nauwerck (2005: 95). Das Kind nutzt vorhandene Sprachdaten zum Erwerb einer neuen Sprache. Dieses Phänomen wurde als „bootstrapping" bezeichnet.

Mit dieser Arbeit möchte ich in erster Linie die Spezifikationen der frühen Nachbarsprachvermittlung mit ihrem Fokus auf die sächsisch-polnische Zusammenarbeit vorzeigen. Darüber hinaus soll meine Forschungsanalyse in den polnischen Kitas das Potential für die Umsetzung der frühen nachbarsprachigen Bildung aufzeigen und einen Mehrwert für die weitere Aktivität der LaNa schaffen.

2. Aspekte der kognitiven Lernprozesse bei Kindern im Vorschulalter

„Für Eltern ist es selbstverständlich, dass sie ihren Kindern helfen, sprechen zu lernen. Aber ohne genau zu wissen, wie der Spracherwerb funktioniert, könnte es sein, dass sie ihren Kindern Schwierigkeiten in den Weg legen oder dass sie Gelegenheiten, die sie sich zum Sprachenlernen anbieten, nicht nutzen"[11]

Die geistige, physikalische und sozial-emotionale Entwicklung der Kinder im Vorschulalter bestimmt im Wesentlichen ein effektives Lernen und zählt dadurch auch zu den wichtigsten Einflussfaktoren für den Verlauf des späteren Spracherwerbs.

In diesem Zusammenhang wird in diesem Beitrag nicht nur die Ermittlung von normalen und abweichenden Spracherwerbsverläufen behandelt. Vielmehr handelt es sich um die ausführliche Erklärung der wichtigsten Aspekte von frühkindlichen Lernvoraussetzungen und Lernprozessen. Weiterhin sollte das sprachliche Potenzial bei einem Kindergartenkind dargestellt werden, mit all seinen Spezifikationen und Hindernissen. Das gesamte sprachliche Wissen des Kindes gestaltet sich sowohl über die erste(L1) als auch die zweite Sprache(L2).

„(...)Sprache und Kognition bedingen sich gegenseitig: Lernen und Gedächtnis sind notwendige Voraussetzungen des Spracherwerbs, werden in ihrer Entwicklung aber auch durch die zunehmenden Sprachkompetenzen gefördert"[12]

„(...)Die Sprache fiel ebensowenig fertig vom Himmel wie unser Erkenntnisvermögen. Sie ist auch nicht aus einem Guß. Sie ist etwas Komplexes, zusammengesetzt aus vielen Teilen, die in verschiedenen Sprachen auch jeweils verschieden gut gelungen sind"[13]

Nach Wode ist die kognitive Entwicklung des Kindes die wichtigste Grundlage für das Sprachenlernen.[14] Auch die Sprachwissenschaftlerin Rita Franceschini stellte fest, dass die Kinder im Vorschulalter ihre maximale Empfindlichkeit in Bezug auf eine neue Sprache

---

[11] Vgl. Clark (1995:10)
[12] Vgl. Nauwerck (2005: 38)
[13] Vgl. Butzkamm (1999: 288)
[14] Vgl. Wode (1993: 394)

aufzeigen.[15] Einen umfassenden Blick auf die neuropsychologisch-entwicklungs-psychologischen Aspekte der frühkindlichen Lernprozesse verschaffte der Genfer Psychologe Jean Piaget. Seiner Meinung nach befindet sich das Kind im Vorschulalter in der präoperativen Phase der Denkentwicklung. [16]

Dieses Entwicklungsstadium ist aus der psycholinguistischen Perspektive besonders interessant, da sich in dieser Zeit bestimmte Eigenschaften herausbilden, die künftig eine entscheidende Rolle für eine störungsfreie Entfaltung des sprachlichen Vermögens spielen. In erster Linie handelt es sich um Fähigkeiten wie logisch-mathematisches Denken oder figural-räumliches Vorstellungsvermögen, soziale Kompetenz, motorisch-kinästhetische Geschicklichkeit wie auch Musikalität.[17] Im Kontext meiner Untersuchung ist jedoch von zentraler Bedeutung die Kompetenz „symbolisches Spiel". Unter diesem Begriff versteht man das symbolisch-vorbegriffliche Denken, das sich auf die Verwendung der ersten verinnerlichten Symbole bezieht.

Im Gedächtnis des Kindes im Vorschulalter werden Wörter und Redewendungen intuitiv abgespeichert, so dass die ersten Assoziationssysteme entstehen können.[18]

Auf diese geradezu magische Weise sind bereits Fünf- und Sechsjährige fähig konstruktiv zu vergleichen, klassifizieren und schlussfolgern, obwohl ihre Denkweise noch sehr handlungsbezogen ist. Das Symbolisieren gilt als eine notwendige Voraussetzung für erfolgreiche Konzeptbildung wie z.B. für das Verstehen der sprachlichen Systematik.

Man darf auch nicht außer Acht lassen, dass die musikalische Empfindlichkeit bei den Kindern im Alter 3-6 Jahre besonders aktiv ist. Das Erkennen der Melodie und Identifizieren der Sprachlaute ermöglichen die mühelose Nachahmung des Klangs der Sprache. Dieses Phänomen sollte bei dem Nachbarspracherwerb jedenfalls berücksichtigt werden. Das Kind muss auf den Klang der Nachbarsprache möglichst früh sensibilisiert werden, damit sich die richtige Intonationskontur und Betonung entfalten kann.[19] Beeindruckend ist auch der Fakt, dass Kindergartenkinder sehr gute Bewegungskoordination aufzeigen, was die Entstehung des „sprachlichen Dopamins" in der Folge begünstigt. [20]

---

[15] Vgl. Franceschini (2003: 15)
[16] Vgl. Piaget (1993: 31)
[17] Vgl. Elschenbroich (2001:85)
[18] Vgl. Piaget in: Szagun (1997:77)
[19] Vgl. Gilbert (2008:7,8)
[20] Vgl. Śpiewak (2015: 54)

Das Gedächtnis und Konzentration bilden sich ebenfalls vor allem in dem Kindergartenalter heraus, deshalb kann ein 6-jähriges Kind bereits 30 Minuten hochkonzentriert zuhören und lernen.[21]

Die polnische Psychologin Maria Kielar-Turska befasste sich in ihrer Forschung zu der kindlichen Sprachentwicklung mit den Themen der frühkindlichen Speicherkapazität und Gedächtnisstrategien. Nach ihrer Meinung, vergrößert sich bei einem Kindergartenkind der Bereich des Gedächtnisspeichers und das Konzentrationsvermögen verlängert sich um ca. 15 Minuten.[22]

Das Kind muss Informationen in erster Linie verarbeiten bevor es diese Informationen nachhaltig verinnerlichen kann.[23] Die Gedächtnisstrategien beruhen auf den Lernkonzepten, die den Wissenserwerb erleichtern sollen. Dafür braucht man ein gutes Verständnis, nicht nur für verschiedenste kindliche Lernwege, sondern auch ein spezielles Gefühl für ihre Begabungspotenziale und Persönlichkeitsmerkmale. Dank dessen besteht die Möglichkeit erforderliche Förderungsbedürfnisse leichter zu erkennen und Lernstrategien anzupassen.

Nach Rayn lernen die Kinder erst dann effektiv, wenn sie selbst an ihrer Lerngeschichte aktiv teilnahmen bzw. Interesse aufzeigten.[24] Es lässt sich nicht darüber streiten, dass die soziale Umgebung eine primäre Rolle bei den Lernprozessen des Kindes spielt und abhängig von der Situation kann sie sie entweder positiv oder negativ beeinflussen. Unter besonderer Berücksichtigung der kindlichen Lernmechanismen schlug Franceschini mehrere Lernkonzepte vor, die für das frühe Fremdsprachenlernen besonders signifikant sind.

Der erste Lernweg bezieht sich auf die sinnliche Wahrnehmung der Dinge, indem das Kind mehrere Anreize aus der Umgebung registriert und verarbeitet. Dieses Modell wurde als „Input- Output" bezeichnet und stellt den linearen Charakter des kindlichen Lernprozesses dar. Damit ist gemeint, dass die Erzieherin bestimmte Begriffe und Regeln verwendet und das Kind sie automatisch in seinem Gedächtnis abspeichert und später selbst wiederholen kann.[25]

Die Komplexität der kindlichen Denkweise überrascht die Erzieherinnen und Eltern andauernd. Sie stellen sich die Frage, weshalb ihren Kindern beim Lernen ihrer Muttersprache Fehler begegnen. Liegt es an der Hörschwäche oder fehlenden Interesse? Es wäre natürlich möglich, jedoch spielen dabei verschiedene Einflussfaktoren ebenfalls eine Rolle.

---

[21] Vgl.Wolff (1993:32)
[22] Vgl. Kielar- Turska (2000: 90)
[23] Vgl. Klelar- Turska (2000: 90-91)
[24] Vgl. Rayn (1993:34)
[25] Vgl. Franceschini (2003: 63)

Franceschini weist auf ein bestimmtes Lernmodell hin, dass von ihr als „Fehlermodell" bezeichnet wurde.[26] Kindliche Fehler könnte man als „Eselsbrücke" auf dem Weg zur sprachlichen Gewandtheit definieren. Als Erwachsene sollte man der Tatsache bewusst werden, dass der kleine Mensch nicht fehlerfrei eine neue Sprache beherrscht. Weitgehend handelt es sich um einen komplexen Prozess, dementsprechend ist unsere Sichtweise desto signifikanter. Die Fehler sind nicht außergewöhnlich, sondern selbstverständlich. [27]

Der nächste Lernweg verdient es „Partnerlernen" genannt zu werden. Logisch betrachtet kann man ohne besondere Schwierigkeiten erraten, welche Lernstrategie sich hinter diesem Begriff versteckt. Immer wieder erinnert man sich an die zahlreichen Situationen als man in der Schule komplett verzweifelt eigene Unsicherheiten zu klären versuchte und schlechthin seine Mitschüler um Rat bat. Die Kinder wenden sich auch in mehreren Fällen zuerst an ihre Altersgenossen anstatt direkt den Erzieher zu fragen.

Der kommunikative Aspekt des Lernens ist auf jeden Fall bei diesem Lernkonzept von ausschlaggebender Bedeutung. Britta Günther, Romanistin und Forscherin für Frühes Fremdsprachenlernen, schrieb dazu Folgendes:

„(...) Dieses Nachbarsprachmodell bietet Anregungen und interessante Ideen, wie man spontane Hilfen von anderen Kindern besser in den sprachlichen Frühunterricht einbauen kann. (...) Kinder können als Experten anderen Kindern mit Rat und Tat zur Seite stehen, wenn es um bestimmte Alltagsprobleme geht"[28]

Dieses Zitat betont noch eine andere Facette des Konzepts „Partnerlernen", nämlich seine Relevanz für die nachbarsprachigen Partnerprojekte. In dem sprachlichen Frühunterricht lassen sich spontan am besten einzigartige Gedanken entwickeln und Anregungen finden, die eine positive Wirkung auf die kindlichen Lernprozesse ausüben.

Die Wissensgenerierung erfordert von einem Kind die Fähigkeit neue Informationen nicht nur zu sammeln, aber auch richtig einzuordnen. Mit dieser Aussage hängt auch die nächste Theorie zusammen. Nach Franceschini erfolgen die Lernprozesse dank der Selbstorganisation. Die Vernetzung und Verknüpfung des vorhandenen Wissens reichen von alleine nicht aus, deshalb ist es umso plausibler, dass die neuen Kenntnisse entsprechend den Umständen organisiert und strukturiert werden. Nach diesem Lernschema ist es jedoch besonders wichtig die individuellen Eigenschaften jedes Kindes in Bezug auf das Lernen zu berücksichtigen.[29]

---

[26] Vgl. Franceschini (2003: 64)
[27] Vgl. Largo (2002: 249)
[28] Vgl. Günther (2005: 37)
[29] Vgl. Elschenbroich (2001: 38)

Das Bewusstsein für eigene Lernprozesse zu entwickeln, bereitet den Kindern am meisten Probleme.[30] Die „Lernmethodische Kompetenz" basiert aber genau auf dieser Tatsache, indem die Metakognition ausführlich analysiert wird. Bewusstes Denken hilft komplexe Systeme wie die Grammatik einer Sprache besser nachvollziehen zu können. Das Kind wird von klein auf mit den zahlreichen Informationen aus unterschiedlichen Wissensbereichen konfrontiert, von daher sollte das bewusste Lernen im Kindergartenalter besonders beachtet werden. Infolgedessen wird ihm ebenfalls beigebracht Kulturen und Sprachen voneinander zu unterscheiden oder das fehlende Wissen aus einer bestimmten Disziplin selbst zu identifizieren.[31]

Bewegung und physikalische Aktivität sind eine weitere Voraussetzung für die störungsfreie kindliche Entwicklung. Präzision im Umgang sowohl mit den einfachsten als auch komplexeren Tätigkeiten charakterisieren dieses Entfaltungsstadium. Diese Eigenschaften spiegeln sich auch in den ersten Übungen zur Kreativität wieder, wenn das Kind zeichnet oder Bilder zusammenklebt. [32]

Genauere Auseinandersetzung mit den allgemeinen Spezifikationen der kindlichen Denkweise verändert auch das Gesamtbild von dem kindlichen Frühsprachenlernen. Das Wissen wird aktiv und subjektiv von denkenden Individuen allmählich aufgebaut und die Welt des Kindes darf man nicht auf eine Abbildung zurückführen, sondern als das Produkt seiner Vorstellungskraft betrachten - so lautet auch die Hauptthese des konstruktivistischen Paradigmas.[33] Das Kind beschreibt und definiert die Welt auf seine Art und Weise, deshalb braucht man ein Verständnis und gewisse Akzeptanz für seine allgemeinen Lernprozesse. In den nächsten zwei Kapiteln wird, nach wie vor, die Rede von den frühkindlichen Lernprozessen, aber diesmal explizit auf die Problematik des Spracherwerbs ausgerichtet. Die 5 Lernregeln bleiben jedoch konstant: „Lernen braucht Motivation", „Lernen braucht emotionale Beteiligung", „Lernen braucht Selbstregulation", „Lernen braucht sinnliche Erfahrungen" und „Lernen braucht Zeit" und gelten in jeder Lernsituation.[34]

---

[30] Vgl. Günther (2005: 38)
[31] Vgl. Faust- Siehl (2001: 35)
[32] Vgl. Kotarba-Kanczugowska (2014: 6)
[33] Vgl. Weskamp (2002: 20)
[34] Vgl. Sächsisches Bildungsinstitut, Fokus Kind: http:///Abschlussbericht_Fokus_Kind_web.pdf, Seite 8

3. Kindliche Sprachentwicklung

Forschungsmethodisch illustriert dieses Kapitel die umfangreichen Voraussetzungen für den Erstspracherwerb, die ebenfalls eine wichtige Rolle bei dem Erwerb der zweiten Sprache bzw. der Nachbarsprache spielen. Die kognitiv- und erwerbslinguistischen Faktoren treiben verschiedene Stadien von Spracherwerb an: Rezeption von Produktion, Entstehung der Zwischengrammatiken, Imitation über die kreative Analyse der Umgebung bis zur korrekten Anwendung der Sprache – diese Aussage, die aus den vorherigen Abschnitten schon bekannt ist, verliert demnach nicht an Plausibilität, im Gegenteil – sie wird zu einem bedeutenden Gegenstand des kindlichen „Sprachenmanagements".

3.1 Erstspracherwerb

„(...)Mit Wörtern bringen wir die Welt auf den Begriff. Sie sind Bausteine des Denkens. Wörter sind von der Grammatik da- obwohl die Grammatik letztendlich in den Wörtern steckt und von ihnen ausgeht"[35]

Traditionell umfasst der Erwerb des ersten Sprachsystems folgende Disziplinen: Phonetik, Morphologie, Lexikon, Syntax, Pragmatik und Semantik. Ohne Vorwissen schätzt man oftmals das falsche Alter für die Entwicklung der Muttersprache. Von daher mag folgende Tatsache befremdlich klingen: Die Entfaltung aller Komponenten der Erstsprache findet in dem Zeitraum von dem ersten bis zum sechsten Lebensjahr statt.[36] Ebenfalls weiß kaum jemand, dass bereits ein 9-monatiges Baby bestimmte sprachliche Muster erkennen kann. Im Nachhinein lernt das Kind lediglich neue Wörter und Satzbauelemente kennen, die jedoch zum Verfeinern der bereits existierenden sprachlichen Kompetenzen führen (infolgedessen entsteht ein umfangreicher Wortschatz).[37] Demzufolge wäre es meines Erachtens eine gewisse Ignoranz, die verschiedenen Komponenten des Spracherwerbs außer Acht zu lassen. Demzufolge werden sie von mir weiterhin beschrieben und separiert betrachtet.

---

[35] Vgl. Butzkamm (1999: 288)
[36] Vgl. Tracy (1991: 18)
[37] Vgl. Tracy (1991:22)

3.1.1 Prosodie – Silbe, Tonhöhe, Lautheit und Dauer

Eine von diesen Komponenten ist die Prosodie und umfasst in erster Linie die Intonationskontur, Betonung und rhythmische Gliederung der Sprache.[38] Während des Kontakts mit den Eltern lernt das Kind die Wörter richtig zu vokalisieren, später werden auch Mimik und Gestik immer signifikanter. Die Prosodie beschreibt die erste Phase der kindlichen Sprachaktivität, in der Rezeption und Produktion im Vordergrund stehen.[39] Der Spracherwerb bezieht sich auf die Qualität der sozialen Interaktionen, da das Kind vor allem die Aussprache in einer bestimmten Umgebung lernt. Im Beitrag zur Funktionen der Prosodie von Pia Bergmann findet man folgende Definition dieses Begriffs:

„(...) Prosodie bezieht sich auf Lauteigenschaften, die die Ebene des Einzellautes überschreitet: er wird oft synonym mit Suprasegmentalia (die lautlichen Eigenschaften der gesprochenen Sprache, die die Ebene des Einzellauts überschreiten) verwendet"[40]

Die Entwicklung der Prosodie entscheidet über die Stimmqualität und erfüllt zentrale Funktion im Spracherwerb: Grenzmarkierung und Akzentuierung.[41]

3.1.2 Linguistische Kompetenz

Phonologie, Morphologie, Syntax, Lexikon und Semantik bilden die zweite Komponente der Sprachentwicklung - die linguistische Kompetenz aus.[42] Die Phonologie umfasst die Produktion von Sprachlauten und Tönen (artikulatorische Phonetik), ihre Wahrnehmung und Organisation (auditive Phonetik).[43] Die wertvolle Fähigkeit des Hörverstehens spielt eine entscheidende Rolle und hilft künftig die Wörter richtig zu interpretieren und in dem passenden Kontext zu verwenden. Auf phonologischer Ebene erfolgt auch die akustische Gestalt von Wörtern, aber selbstverständlich muss man in diesem Fall auf die prosodische Begründung zurückgreifen. Daraus kann man schlussfolgern, dass Phonologie und Prosodie ähnliche Funktionen in dem kindlichen Spracherwerb erfüllen.[44]

---

[38] Vgl. Bußmann: 81
[39] Vgl. Rothweiler (1999: 43)
[40] Vgl. Bergmann (2013: 72)
[41] Vgl. Bergmann (2013: 78)
[42] Grimm/Weinert (2002: 517)
[43] Vgl. Hoffmann (2000: 300)
[44] Vgl. Schenk (2002: 35)

Das Lexikon zählt zu den grundlegenden Elementen der linguistischen Kompetenz. Der Aufbau des Wortschatzes beginnt schon in der rezeptiven Phase, wenn ein Säugling die ersten Laute mit bestimmten Personen oder Objekten verbinden kann. In der Fachliteratur findet man ebenfalls eine wissenswerte Vergleichsdarstellung, bezogen auf die Analogie zwischen der Entwicklung des Lexikons und Kulturzugehörigkeit.

Die Linguistin Paula Menyuk stellte fest, dass Kinder aus dem gleichen Kulturkreis eine ähnliche Satzstruktur repräsentierten.[45] Im Anschluss daran entwickelte sich in der Wissenschaft eine *„noun-bias Theorie"*, die den Zusammenhängen zwischen Nomen und ihrer Platzierung im Satz eine besondere Rolle zuschrieb.[46] Die Zunahme des Wortschatzes wird für das Alter von 3 bis 6 Jahren datiert, da das Kind sich in einem rasanten Tempo neue Wörter einprägt. Es ist faszinierend und gleichzeitig schon fast erschreckend zu erfahren, dass das Kindergartenkind nach knapp ein- oder zweimaligem Hören die neue Vokabel in ihr Lexikon integriert.[47]

Die Erklärung für das Phänomen der kindlichen Lerngeschwindigkeit suchen viele Sprachforscher und Psychologen in der Theorie des *„fast mapping"*.

„(...) Moreover, children are able to use their newly acquired knowledge productively: that is, they are able to say the words whose meaning they have identified through fast mapping"[48]

Diese Theorie bezieht sich auf die unfassbaren Möglichkeiten des kindlichen Assoziationsvermögens und beschäftigt sich mit der Analyse der Verknüpfungen zwischen den bereits existierenden und neuen Wörtern. Folgendes Zitat stammt aus dem *"Journal of Experimental Child Psychology"* und verweist noch mal auf das Problem der Theorie von *„fast mapping"*.

„(...) Work on fast mapping has also shown that children can retain a newly learned word for significant amount of time following the initial encounter."[49]

In der soziolinguistischen Forschung bildete sich der interessante Begriff „Wortschatzspurt", der genau diese rapide Entwicklung des kindlichen Wortschatzes im Vorschulalter beschreibt und konkretisiert. Jörg Meibauer weist in seiner Publikation *„Das Lexikon im Spracherwerb"* auf den Wendepunkt der lexikalischen Entwicklung hin, wenn der Wortschatz eines Kindes

---

[45] Vgl. Menyuk in Grimm (2000:174)
[46] Vgl. Menyuk in Grimm (2000: 176)
[47] Vgl. Kubanek- German (2001: 6)
[48] Vgl. http://library.ibp.ac.cn/html/cogsci/SCIENCE-2004-1682.pdf
[49] Vgl. http://www.psy.jhu.edu/~labforchilddevelopment/pdf_files/Spiegal%20Halberda%202011.pdf

die Zahl von ca. 50 Wörtern erreicht.[50] Ein 6- Jähriger dürfte bereits über ein Vokabular von drei- bis fünftausend Vokabeln verfügen. Ein weiteres Experiment von Tomasello scheint diese Aussage schlechthin zu bestätigen. Der Entwicklungspsychologe erkannte, dass ein 2-Jähriger neue Wortformen mit ihren Bedeutungen assoziieren kann, ohne dass der Erwachsene zusätzlich auf den bestimmten Gegenstand hinweisen muss.[51]

Die sozial-pragmatischen Prinzipien des Kontrasts und der Konventionalität werden von den Kindern hauptsächlich zum Wortschatzerwerb benutzt. Heike Behrens definiert beide Begriffe ganz deutlich:

„(...) Das Prinzip des Kontrasts: Jeder Unterschied in der Form wird vom Kind als Unterschied in der Bedeutung interpretiert. Das Prinzip der Konventionalität: Wenn es für eine bestimmte Bedeutung einen konventionalen Ausdruck gibt, geht das Kind davon aus, dass die Sprecher ihn benutzen, um Missverständnisse zu vermeiden"[52]

Diese Methoden sind aufeinander aufbauend, da das Kind sie gleichermaßen zum effektiven Wortschatzerwerb braucht. Auf diese Art und Weise erfolgt die weitere Ausdifferenzierung der Wörter.

Das Lexikon spielt auf jeden Fall eine wesentliche Rolle für den frühen Spracherwerb, jedoch wirkt die linguistische Kompetenz unvollständig ohne Berücksichtigung von Semantik, Syntax und Morphologie.

Unter dem Begriff „Semantik" wird das Verständnis und Bewusstsein für die Vielfältigkeit der Termini verstanden, die unsere Welt definieren. Von daher wäre nichts Falsches daran die Semantik mit dem Wort „Bedeutungserwerb" zu bezeichnen. Die Annäherung an die Bedeutung eines Namens oder einer Redewendung verläuft aber auch nicht ganz ohne Hindernisse. Die Prozesse der „Übergeneralisierung" oder „Überdiskriminierung" sind dafür die besten Bezeichnungen. Die Entstehung der beiden Termini ist ein Resultat der mangelnden Erfahrungen und des Wissens, die in der Folge zu einer falschen Verwendung des Wortes führen.[53] Obwohl den Wörtern deutliche Kernbedeutungen im Voraus zugeschrieben wurden, bleibt die Entstehung der Wort- und Redewendungsbedeutungen immerhin eine sehr individuelle Frage. Je älter ein Kind wird, desto abstrakter und komplexer

---

[50] Vgl. Meibauer (1999: 91)
[51] Vgl. Tomasello (1994:83)
[52] Vgl. Behrens (2013: 326)
[53] Vgl. Oskaar (1987: 55)

wird seine Denkweise. Dadurch wird auch eine immer stärkere Differenzierung von Wortbedeutungen je nach dem persönlichen Gefühl erkennbar.[54]

Mithilfe der unterschiedlichen Wortformen fängt das Kind an Sätze zu bilden, die jedoch keine lineare Struktur darstellen, sondern sie beziehen sich auf eine bestimmte sprachliche Logik.[55]

Ohne syntaktische Funktionen zu berücksichtigen, könnte man keinen richtigen Überblick über die sprachlichen Lernverläufe gewinnen.

Die Definition wurde von Peter Auer präzise ausgedrückt und lautet folgendermaßen:

„(...) Unter Syntax verstehen wir ein System von Regularitäten, nach denen aus Wörtern, Phrasen und Sätze gebildet werden"[56]

Der Grammatikerwerb beinhaltet grundsätzlich sowohl den Erwerb der Syntax (Berücksichtigung von entsprechenden Regeln und Wortstellung ermöglichen die Ausbildung von syntaktischen Einheiten) als auch den Erwerb der Morphologie (baut auf die Funktionen der Morpheme und den Aufbau von Paradigmen auf).[57]

Die Sprachen lassen sich dank ihrer bestimmten syntaktischen und morphologischen Struktur leichter voneinander unterscheiden. Um dieses Phänomen zu verdeutlichen, wird ein Satz mit einem Modalverb auf Polnisch und auf Deutsch analysiert.

Der Satz „Ich will eine neue Sprache lernen" kann man ins Polnische als „Chcę nauczyć się nowego języka" übersetzen.

(1) Ich(1) will(2) eine(3) neue(4) Sprache(5) **lernen(6)**

Legende: (1)Pronomen, (2)Verb in Modalform, (3)Unbestimmter Artikel, (4)Adjektiv, (5)Substantiv, (6)Verb in Infinitivform

(2) Chcę(1) **nauczyć się(2)** nowego(3) języka(4)

Legende: (1)Verb in Modalform, (2)Verb in Infinitivform, (3)Adjektiv, (4)Substantiv

Der entscheidende Unterschied in beiden Sätzen ist also nicht nur dass komplett andere Wörter verwendet werden, sondern auch der Satzbau bzw. Wortstellung.

---

[54] Vgl. Apeltauer (2001: 36)
[55] Vgl. Auer (2013: 137)
[56] Vgl. Auer (2013: 138)
[57] Vgl. Pfänder (2013: 328)

Im Satz auf Polnisch wurde das Verb in der Infinitivform direkt nach dem Modalverb platziert. Für den polnischen Muttersprachler ist es natürlich sehr schwer sich an die deutsche Satzkonstruktion zu gewöhnen und das Verb in der Infinitivform nicht direkt nach dem Modelverb zu stellen, sondern immer am Ende eines Satzes.

Während der Erwachsene bereits über ein geprägtes Bewusstsein für die syntaktische Gestaltung seiner Sprache verfügt, besitzt ein Kind sogenannte „Zwischengrammatiken".[58] Mit diesem Begriff wird gemeint, dass das Kind im Vorschulalter die grammatischen Formen lediglich von den Eltern und Erzieherinnen passiv übernimmt. Erst mit der Zeit entwickelt es ein Gefühl für den richtigen Satzbau. Bevor es jedoch passiert, begegnet das Kind einfach mehreren Fehlern, die schließlich auf eine aktive Auseinandersetzung mit dem Thema verweisen.[59] Der amerikanisch-kanadische Kognitionswissenschaftler und Linguist Steven Pinker bezeichnete mit dem Termin „bootstrapping" diese wertvolle Eigenschaft des Kindes: Die beflissene Auseinandersetzung mit den bereits vorhandenen Informationen und ihre Verarbeitung um die syntaktische Satzstruktur zu beherrschen.[60]

3.1.3 Pragmatik

Am Anfang meiner Arbeit wurde von mir ein Beispiel gewählt bei dem ein Kind jedes Mal in der Badewanne das deutsche Weihnachtslied „O Tannenbaum" sang. Für eine erwachsene Person, die sich kaum mit den Aspekten der kindlichen Entwicklung auskennt, würde solch eine Situation lediglich amüsant erscheinen. Es ist jedoch schlechthin ein gewöhnliches Verhalten, ein Zeichen für die Spontanität des Kindes in seinem frühen Entwicklungsstadium. Man darf nicht vergessen, dass man für die Heranbildung des sozialen Bewusstseins mehrere Jahre benötigt. Mit dem sprachlichen Bewusstsein oder anders ausgedrückt, mit dem sprachlichen Gefühl, wird es auch nicht anders sein.[61] Die Pragmatik ist die dritte Komponente, die bei der Sprachentfaltung eine primäre Rolle spielt. Diese Wissenschaft behandelt die Bedeutung der sprachlichen Ausdrücke in den kontext- und situationsabhängigen Zusammenhängen.[62] Das Kindergartenkind lernt erst seine eigene Sprache zu reflektieren und infolge dessen gewinnt es das Gefühl für verschiedene Wörter (Sprachaufmerksamkeit) und ihre Verwendung im Alltag.[63] Die Fähigkeit zur

---

[58] Vgl. Weissenborn in Grimm (2000: 531)
[59] Vgl. mit dem Lernmodell „Fehlermodell", Kapitel 2.1, Seite 7.
[60] Vgl. Pinker (1984: 91)
[61] Oskaar (1987: 103)
[62] Levinson (2010: 110)
[63] Vgl. Oskaar (2003: 37)

Perspektivenübernahme entwickelt sich schon mit ca. 4 Jahren und im Alter von 3 Jahren fangen die Kinder an, die Intentionen ihrer Gesprächspartner zu erkennen (sogenannte *„Theory of mind").*[64]

Wenn ein 6-jähriges Kind das Weihnachtslied während der Dusche jeden Tag singt, dann ist es sehr wahrscheinlich, dass ihm noch unbewusst ist, unter welchen Umständen man dieses Lied normalerweise singt. Unter dem Spracherwerb versteckt sich ein vielseitiger Prozess, der immer wieder mit seiner Interdisziplinarität Wissenschaftler und Psychologen überrascht. Die erste Sprache übernimmt die Rolle der Umgebungssprache, die mehr als ein System voller Buchstaben und Lauten ist. Nicht ohne Grund brillierte Wittgenstein mit seinem pointierten Statement: *„Die Grenzen meiner Sprache bedeuten die Grenzen meiner Welt"*[65]. Das Umfeld und kulturspezifische Regeln der Kommunikation mit ihrem „Sprachen-Code" beeinflussen das menschliche Sprachbewusstsein.

Ohne Zweifel kann man zu dem Schluss kommen, dass man unter „Erstspracherwerb" mehr als Universalgrammatik verstehen sollte. Faszinierend ist der Gedanke, wie gegensätzlich dieses Phänomen in der Wirklichkeit bleibt - einerseits handelt es sich um einen lernbaren Syntax, andererseits denkt man an all die möglichen Varianten des Sprachgebrauchs (man drückt mithilfe der Sprache verschiedene Gefühle aus).[66]

1959 stellte Noam Chomsky fest, dass die Kinder innerhalb des ersten Lebensjahrs entscheidende Fortschritte im Bereich des Spracherwerbs erzielten. Später verfeinert sich zwar der Wortschatz, darüber hinaus verbessert sich die Grammatik und das allgemeine Sprachgefühl, aber die sprachlichen Grundkenntnisse bilden sich im Vorschulalter heraus.[67]

Der Spracherwerb unterliegt allgemeinen kognitiven Lernprozessen, die man aber auch nicht zu stark generalisieren darf und die Individualität des Kindes absolut berücksichtigen sollte. Das Sprachenlernen ist ein integraler Teil des lebenslangen Lernens und besteht letztendlich aus ständigem „lernen, verlernen und wiederlernen".[68] Die Frage der sozial-kommunikativen Ontogenese sollte man in die sprachliche Bildung unbedingt integrieren.

---

[64] Vgl. Pfänder (2013:326)
[65] Vgl. Wittgenstein 1918: Tractatus 5.6
[66] Vgl. Behrens (2013:323)
[67] Vgl. Chomsky/Fitch (2002: 47)
[68] Vgl. Nauwerck (2005: 39, 41)

3.2 Nachbarspracherwerb

3.2.1 Definition des Begriffs im Kontext der Mehrsprachigkeit

„(...) Für das frühe Fremdsprachenlernen im Kindergarten ist von Bedeutung, dass die Kinder Vorteile im Bereich der Sprachproduktion aufweisen. Sie brauchen zwar länger um eine Fremdsprache zu lernen, aber nach einer gewissen Zeit beherrschen sie die Fremdsprache besser. Insbesondere im Bereich Aussprache wird es deutlich, dass das Alter von 3-7 Jahren ein besonders günstiger Zeitraum für die Aussprache ist.“[69]

Aus der europäischen Perspektive mag es vollkommen überraschend vorkommen, dass es auf der Welt mehr mehrsprachige als einsprachige Individuen und Regionen gibt. Der Gedanke an die afrikanischen Staaten mit ihrer ganzen sprachlichen Vielfältigkeit, das zweisprachige Finnland, der indische Subkontinent mit über 415 Sprachen (nach den Angaben vom Linguistischen Sommerinstitut) und das Phänomen der Kreolsprache bringt den Menschen zu der Meinung, dass die Einsprachigkeit eher als Sonderfall gelten sollte. In der sprachwissenschaftlichen Forschung unterscheidet man zwischen vier Typen von Mehrsprachigkeit: individueller, gesellschaftlicher, institutioneller und diskursiver – alle diese Begriffe bedingen sich aber wechselseitig. Die theoretische Grundlage für die „individuelle Mehrsprachigkeit" lautet, dass eine Person eine sprachliche Kompetenz mindestens in zwei oder mehr Sprachen aufzeigt.[70]

Darüber hinaus erwartet man auch, dass man sich zutraut situationsbezogen von der einen Sprache zur anderen umzuschalten. Wenn auf demselben Territorium mehrere Sprachen gesprochen werden, bezeichnet man dieses Phänomen als „gesellschaftliche Mehrsprachigkeit". Das beste Beispiel für solche mehrsprachigen Gebiete sind vor allem Orte, die von Minderheiten bewohnt werden. Dies ist jedoch leicht zu verwechseln mit der „territorialer Mehrsprachigkeit", obwohl sich der Unterschied relativ schnell erklären lässt. Der entscheidende Punkt basiert darauf, dass innerhalb eines Territoriums mehrere Sprachen den Status der Erstsprache bzw. offiziellen Sprache bekommen (so wie in der Schweiz oder Kanada)[71]. Institutionelle Mehrsprachigkeit ist charakteristisch für die Verwaltungen eines Staats oder Organisationen, die ihre Kommunikationssprachen bestimmen (ein gutes Beispiel dafür sind internationale Organisationen wie UNO oder Europa-Parlament). Die vierte Dimension der Mehrsprachigkeit wurde vor kurzem von Franceschini vorgeschlagen und

---

[69] Vgl. Günther (2005: 45)
[70] Vgl. Riehl (2013: 377)
[71] Vgl. Riehl (2013: 378)

dazu gehören die Erscheinungen, die bereits als mehrsprachige Praxis definiert wurden - Tandemgespräche, weltweiter Gebrauch des Englischen als moderner „Lingua Franca".[72] Spracherwerbstypen determinieren die Existenz jeglicher Arten der Mehrsprachigkeit.

In den vorherigen Kapiteln versuchte ich den Erstspracherwerb bei Kindern und damit verbundene Lernvoraussetzungen und Lerntechniken möglichst verständlich und umfassend zu betrachten. Der „Frühe Nachbarspracherwerb" ist einer von diesen Spracherwerbstypen, die zu der individuellen und gesellschaftlichen Mehrsprachigkeit beitragen. Von daher wird in dem ersten Teil dieses Kapitels der Schwerpunkt auf das Neudefinieren des Nachbarspracherwerbs gelegt, explizit auf das Vorschulalter.

„Früher Nachbarspracherwerb" lässt sich auf den ersten Blick sehr schnell mit verschiedenen Spracherwerbstypen wie „Zweispracherwerb", „Frühe Zweisprachigkeit" oder „sukzessiver Bilingualismus" verwechseln. Folgende Erläuterungen dürfen ein ausreichender Beweis dafür sein, dass einer präzisen Definition des Nachbarspracherwerbs eine stärkere Differenzierung diesbezüglich bedarf.[73]

Reiner Dietrich erklärt in seiner Publikation zu den relevanten Themen der Psycholinguistik das Phänomen des Zweispracherwerbs folgendermaßen:

„Als Zweitspracherwerb wird der Erwerb sprachlichen Wissens und sprachlicher Fertigkeiten in einer weiteren Sprache nach Abschluss des Erstspracherwerbs bezeichnet". [74]

Im Kontext meiner Arbeit würde der erste Teil des Zitats stimmen, früher Nachbarspracherwerb könnte man tatsächlich als *„der Erwerb des sprachlichen Wissens und sprachlicher Fertigkeiten"*[75] bezeichnen - jedoch mit dem Unterschied, dass der Erstspracherwerb nicht endgültig abgeschlossen wurde.

In den vorherigen zwei Kapiteln wurde erstaunliches Wissen über die kognitiven Fähigkeiten des Kinds im Vorschulalter vor allem im Sinne des Spracherwerbs ausführlich präsentiert. Es bedeutet aber nicht, dass sich in den nächsten Jahren die sprachlichen Kompetenzen nicht mehr entwickeln werden, im Gegenteil - die Schulzeit spielt natürlich auch eine entscheidende Rolle für die Verfeinerung des Wortschatzes und Grammatik.

---

[72]Vgl. Franceschini (2011: 347)
[73] Vgl. Rhbein/Grießhaber (1996: 69)
[74] Vgl. Dietrich (2007: 124)
[75] Ebd.

Die Definition von *„früher Zweisprachigkeit"* von Claudia Riehl lautet wie folgt:

„(...)Frühe Zweisprachigkeit oder simultaner Erwerb zweier oder mehrerer Sprachen, L1 und L2 fungieren als zwei Muttersprachen, genau genommen als $L1_1$ und $L1_2$: dabei werden beide von den Familiensprachen F her erworben (die I- Sprachen bleiben hier im Unterschied zu 10. außer Betracht)"[76]

Die Definition der „frühen Zweisprachigkeit" übermittelt eine vollkommen andere Konzeption. Deshalb kann man bei der Begriffsbestimmung des frühen Nachbarspracherwerbs keinen richtigen Zusammenhang finden. Bei dem Nachbarspracherwerb handelt es sich um keinen simultanen Erwerb von Sprachen, die beide als Muttersprachen fungieren. Da eine der beiden Sprachen die Familiensprache ist, nimmt die andere Sprache die Rolle der Nachbarsprache ein.

Rehbein und Grießhaber berufen sich in ihrem Beitrag zu dem L2- Erwerb auf die Definition des „Sukzessiven Bilingualismus", die, meines Erachtens nach, am meisten dem Grundsatz des frühen Nachbarspracherwerbs entspricht:

„(...) Sukzessiver Bilingualismus: Erwerb von L2 zeitlich nach L1 (beim Kind, etwa vom 3. bis zum 12. Lebensjahr); L2 ist zumeist keine Familiensprache bzw. kann Zweitsprache in der Familie (F2) sein"[77]

L1 und L2 sind die klassischen Bezeichnungen für die Sprachen (wurden von dem Englischen Wort „language" abgeleitet) und gemeinhin versteht man die Abkürzung L1 als Muttersprache und L2 als die zweite Sprache. In Analogie zu dieser Darlegung könnte man die Muttersprache des Kindes als M- Sprache (Muttersprache) und die Nachbarsprache mit der Abkürzung N-Sprache bezeichnen. Die M- Sprache wurde dann zuerst erworben, die N- Sprache zeitlich danach – im Idealfall vom 3. bis zum 12 Lebensjahr. Außerdem kommt auch tatsächlich in Frage, dass die N- Sprache die zweite Familiensprache sein könnte (zum Beispiel in bilingualen Familien). Die Sprachen müssen aber einen bestimmten Status bekommen und können sowohl ungesteuert (spontan) oder gesteuert (zum Beispiel im Rahmen des Unterrichts) erworben werden. Im Kindergarten ist es jedenfalls von einem großen Vorteil, dass man die Möglichkeit hat, beide Typen des Erwerbs in der Praxis umzusetzen. Dank der nachbarsprachigen Zusammenarbeit in Kitas bekommen die Kinder eine Chance spontan voneinander zu lernen. Im gesteuerten Unterricht übernimmt der Erzieher bzw. Lehrer die Verantwortlichkeit für die sprachliche Ausbildung seiner Schüler.

---

[76] Vgl. Riehl (2003: 381)
[77] Vgl. Rehbein/Gießer (1996: 69)

Diese Tatsache vor den Augen zu haben, sollte dazu motivieren, den Kindern ein solides sprachliches Grundwissen im Vorschulter beizubringen, damit sie auch fröhlich in die Zukunft schauen können.

3.2.2 Früher Nachbarspracherwerb und das kindliche Sprachpotenzial

„Developing two languages at the same time or learning one language later than another are both successful routest o bilinguism"[78]

Für die Analyse jedes Spracherwerbs ist das Alter ein entscheidendes Kriterium. Aus diesem Grund wird in diesem Abschnitt der Nachbarspracherwerb in Hinsicht auf die Sprachentwicklung bei den Kindern bis zum 7. Lebensjahr behandelt.

Die Nachbarsprache lernen die Kinder im frühen Alter oft ohne Hemmungen, indem sie viel Interesse und Leidenschaft dabei zeigen (unter der Bedingung, dass man als Erwachsene dieses Interesse und kindliche Aufmerksamkeit auf eine spannende Art und Weise gewinnen kann). Bei dem Nachbarspracherwerb ist es wichtig, dass man ein positives Bild der Nachbarsprache den Kindern vor Augen führt. Methodische Fehler fangen schon sehr häufig damit an, indem man die Nachbarsprache als „Fremdsprache" bezeichnet. Mit „fremd" assoziiert man in der deutschen Sprache vor allem negative Gefühle des Misstrauens und Unsicherheit. In dem Fall zeigt die polnische Sprache ebenfalls keine Ausnahme auf, da man in dem Wörterbuch der polnischen Sprache unter „obcy" folgende Definition findet – „gehört nicht zu einer Gruppe, unpassend, weckt kein Interesse".[79]

Man hilft dem Kind auf keinen Fall, indem man ihm von Anfang an ein falsches Sprachgefühl für die Sprache der Nachbarn vermittelt. Diese frühkindliche Unbekümmertheit und Kreativität wurden als positiv von Linguisten und Psychologen für den Erwerb der weiteren Sprache eingeschätzt.[80]

Es wurde auch wissenschaftlich festgestellt, dass ein Kind im Vorschulalter bessere Voraussetzungen für den Erwerb des Akzents der zweiten Sprache (wie in unserem Fall der Nachbarsprache) hat. Nachbarspracherwerb in der frühen Kindheit bietet auch eine Chance in dem Bereich Hörverstehen nicht nur in der Muttersprache, sondern in der Nachbarsprache zu profitieren. Ausschlaggebend für die richtige Speicherung der Satzmelodie ist die rechte Hirnhälfte, die auch die emotionale Entwicklung bestimmt. Im Weiteren sollte man den

---

[78] Vgl. Baker (2000: 34)
[79] Vgl. Slownik Jezyka Polskiego, Kopalinski (2001: 101)
[80] Vgl. Fröhlich- Ward (2003: 198)

wissenschaftlich bewiesenen Fakt beachten, dass die Spezialisierung der Großhirnhemisphären auf die Entwicklung der Lautsprache im Alter von fünf bis sechs Jahren vollendet wird.[81]

Die letzten zwei Jahrzehnte waren dank der Entwicklung neuer Technologien für die neurophysiologische Forschung besonders fruchtbar. Demzufolge wurden auch die Facetten des Spracherwerbs in den Fokus der psycholinguistischen Untersuchungen gestellt.

Aktuelle Forschungsergebnisse plädieren dafür, dass das Kind die zweite Sprache (wie zum Beispiel die Sprache des Nachbarn) müheloser als Erwachsene lernt. Die Begründung dieser Aussage ist mit der weiteren Analyse der Hirnaktivität verbunden. Die wichtigsten Sprachfunktionen finden in der linken Hemisphäre statt.[82] In Ausnahmefällen (Beschädigung der linken Hirnhälfte) wird jedoch behauptet, dass sich die Sprachkompetenz auch in der rechten Hirnhälfte entfalten kann.

Nach Friederici ist für die frühkindliche Phase des Spracherwerbs die rechte Hemisphäre signifikanter. Dieses Phänomen hängt damit zusammen, dass im frühen Spracherwerbsstadium sich in erster Linie die Prosodie entwickelt und dafür ist schlechthin die rechte Hirnhälfte zuständig. In der linken Hemisphäre erfolgen die Prozesse des Wörterlernens mit ihren Bedeutungen und morphologischen Strukturen.[83] Das Broca-Areal ermöglicht die wirksame Sprachproduktion. Das Wernicke- Areal ist vor allem beteiligt an der Verarbeitung der Satzkonstruktion und ist im Prinzip verantwortlich für die Fähigkeit des Sprachverstehens. Der hintere Bereich des Gehirns fasst die Kompetenz des Interpretierens des Gesagten um.[84] Im weitesten Sinne darf man aber nicht feststellen, dass die Sprachverarbeitung sich entweder auf das linke oder rechte Areal beschränken lässt. Die Forscher neigen eher zu der Behauptung, dass die beiden Gehirnhälften eng miteinander kooperieren müssen um effektiv eine Sprache zu lernen. Bei den Kindern verläuft der Prozess des Spracherwerbs anders als bei den Erwachsenen. Der bemerkenswerte Unterschied bezieht sich darauf, dass bei einem Kindergartenkind vor allem das Broca-Areal aktiviert wird. Das Gehirn des Erwachsenen muss für die gleiche kognitive Leistung (für die Speicherung der Spezifikationen der anderen Sprache) mehr Energie verbrauchen.[85]

Außerdem ist bei den jüngeren Kindern bemerkenswert, dass sie die Sprache ihrer Bezugspersonen besser als Teenager nachahmen können.[86]

---

[81] Vgl. Riehl (2013: 381)
[82] Vgl. Oskaar (2003: 73)
[83] Vgl. Friederici (2000:43)
[84] Vgl. Friederici (2003: 44)
[85] Vgl. http://www.phil.uni-sb.de/romanistik/francesini/mehrsprachigkeit.html
[86] Vgl. Götte (1991: 19)

"(...)If parents codeswitch regulary, then their child may imitate. If parents discourage codeswitching (e.g. by clear language separation), then less mixing will occur"[87]

"(...)Materiał dotyczący rozwoju mowy u dzieci przedszkolnych wskazuje na fakt, że proces budowania systemu języka rodzimego nie jest zakończony, jednak po 3 roku życia dzieci stają się zdolne do rozdzielania różnych systemów językowych i rozwijania w sposób równoległy różnych sposobów komunikacji językowej"[88]

Übersetzung: „(...) Das Material bezüglich der Entwicklung der gesprochenen Sprache bei Kindergartenkindern weist auf die Tatsache hin, dass der Prozess des Mutterspracheerwerbs nicht endgültig abgeschlossen wurde, jedoch nach dem dritten Lebensjahr sind die Kinder fähig, verschiedene Sprachsysteme zu unterscheiden und parallel dazu verschiedene Arten der Sprachkommunikation zu entwickeln"

Das erste Zitat stammt aus dem Buch *"Foundations of Bilingual Education and Bilingualism"* von Colin Baker und betont die Bedeutung der Verantwortlichkeit der Eltern bei dem Erwerb von zwei Sprachen in dem frühen Alter.

Die zweite Anführung ist von der polnischen Sprachwissenschaftlerin Anna Mróz und verweist auf die Tatsache, dass das Kind nach der Überschreitung seines 3. Lebensjahres zu der Unterscheidung von verschiedenen Sprachsystemen fähig sei.

Die Skeptiker warnen jedoch vor der „Halbsprachigkeit" oder anders ausgedrückt „Semilinguismus". Es handelt sich dabei um eine allmähliche Vernachlässigung der beiden Sprachen: Keine von den erworbenen Sprachen wird von dem Kind richtig beherrscht. Umstritten bleibt auch die Tatsache, dass der Erwerb der zweiten Sprache im frühen Alter künftig zu anderen Interferenzen beitragen könnte. „Sprachdominanz" ist ein Beispiel dafür, wenn die stärkere Sprache wesentlich die Schwächere beeinflusst. Dadurch entsteht ein unausgeglichenes Verhältnis zwischen den Sprachsystemen, was in der Folge zu einer mentalen Verwirrung bei einem Kind führen könnte.[89] Viele Sprachwissenschaftler warnen auch vor der Ausprägung einer „Matrixsprache" – der gleichzeitige Erwerb von zwei Sprachen im Vorschulalter impliziert ebenfalls ein gewisses Risiko, dass das Kind bereits vorhandene syntaktische Strukturen auf die zweite Sprache überträgt und umgekehrt.[90]

Affektive Faktoren solcher Art wie eine negative Einstellung der Eltern zu der Sprache werden sehr oft mit dem Phänomen des Semilinguismus identifiziert.[91] Es wird auch gegen frühe zwei- bzw. nachbarsprachige Bildung argumentiert, dass die individuellen Fähigkeiten

---

[87] Vgl. Baker (2001: 107)
[88] Vgl. Mróz (2011: 47)
[89] Vgl. Meisel (1987: 21)
[90] Vgl. Pelz (1998: 43)
[91] Vgl. Butzkamm (2002: 71)

des Kindes die Geschwindigkeit des Lernens in hohem Maße beeinflussen und aufgrund dessen sich viele Kinder mit der zweiten Sprache überfordert fühlen können. Außerdem wird man noch an andere Spracherwerbsstörungen erinnert: „Mixing" bzw. „Code-mixing" verweist auf den pragmatischen und grammatischen Mangel als Grund für die Sprachmischungen, „Fusion" bezieht sich schließlich auf die Sprachmischungen auf der syntaktischen Ebene.[92]

Ich denke jedoch, die negativen Aspekte des frühen Zweispracherwerbs bzw. Nachbarspracherwerbs sollte man in der richtigen Relation sehen.

Es besteht eine Möglichkeit, dass das Kind überfördert wird und keine von den beiden Lernsprachen richtig beherrscht, vor allem jedoch dann wenn die Eltern oder die Erzieher über ein mangelndes didaktisches Wissen in diesem Bereich verfügen. Effektiver Erst -und Nachbarspracherwerb erfordert von den Erwachsenen eine Fähigkeit, die Stärken und Schwächen des Kindes zu dem richtigen Zeitpunkt zu erkennen und gezielte Förderungsmaßnahmen zu ergreifen um gemeinsam in der Zukunft wachsen zu können. Für das fehlende Sprachgefühl des Kindes sind in erster Linie ihre Betreuer verantwortlich. Aus der Sicht der neusten Erkenntnisse der Neurobiologie lässt sich feststellen, dass man mithilfe der richtigen Lernmethoden (gutes Beispiel dafür ist das Prinzip *„une personne - une langue"*) negative Einflüsse der sprachlichen Interferenz vermeiden kann.[93] Außerdem können die Ursachen für „Code-Mixing", „Code-Switching" oder „cross language cue competition"[94] mit unterschiedlichen, individuellen Veranlagungen verbunden sein. Es muss nicht immer an Spracherwerbsstörungen liegen wie mangelndes Wissen. Ein gutes Beispiel dafür wäre das Phänomen des „Code-Switching". In der soziolinguistischen Forschung entwickelten sich mit der Zeit Theorien, dass der Sprachenwechsel abhängig von der Situation (situatives Code-Switching) entsteht oder ein Ausdruck für soziale Identität ist (die Identitätsfunktion der Sprache).[95]

Ein konstruktiver frühkindlicher Nachbarsprachunterricht kann auf jeden Fall dem Kind einen guten Start in die sprachliche Mannigfaltigkeit ermöglichen. Elementare methodische Prinzipien müssen aber eingehalten werden und im besten Fall an jedes Kind individuell angepasst werden.[96] Darüber hinaus wurde von mir das „Fehlermodell" als eine der Lernmethoden mit gewisser Absicht nicht dargestellt, da man immer das natürliche Recht des

---

[92] Vgl. Meisel (2001: 26)
[93] Vgl. Baker (2001: 91)
[94] Vgl. Riehl (2013: 380): Der Begriff bezieht sich auf die Fähigkeit verschiedene Strukturregelmäßigkeiten der Sprachen zu unterscheiden. Die Kinder erkennen oft die richtigen Zusammenhänge zwischen diesen Strukturregelmäßigkeiten von zwei Sprachen- es sei denn natürlich, es wurde ihnen vorher erklärt.
[95] Vgl. Riehl (2013: 388)
[96] Vgl. Baker (2000: 35)

Kindes zur Begegnung der Fehler respektieren sollte. Im Vorschulalter bringt man dem kleinen Menschen eine oder zwei Sprachen und es ist für ihn immer eine Herausforderung, abgesehen von den atemberaubenden sprachlichen Kompetenzen des Kindes. Die Schwankungen zwischen zwei Sprachsystemen sollten also im frühen Alter auf jeden Fall erlaubt werden und nicht als eine negative Folge der zweisprachigen Erziehung betrachtet werden.

Es ist besonders wichtig in diesem Sinne die Bedeutung der Sprachförderung im Kindergarten zu erwähnen. Das Kind lernt ständig und sollte in Kita systematische Unterstützung von Erzieher- und Erzieherinnen bekommen. Das Personal der Kindertagesstätten muss ihrer Rolle bewusst werden, dass es die Verantwortung für den Übergang in die nächste Bildungsetappe von Kindern in dem wahrsten Sinne des Wortes übernimmt. Über die individuelle Betrachtung des Kindergartenkindes wurde im vorherigen Abschnitt bereits erzählt, ansonsten sollten sich die Erzieher bzw. Erzieherinnen immer darum bemühen, dass das Kind seine eigenen Gefühle und Beobachtungen mitteilt. [97]

4. Förderungsformen des frühen Nachbarspracherwerbs in den Grenzräumen

Das Phänomen des frühen Nachbarspracherwerbs wurde in den vorherigen Kapiteln im Zusammenhang mit der Mehrsprachigkeit und kindlicher Sprachentwicklung breit besprochen und definiert. Wenn man versucht festzustellen wo man die Nachbarsprache am besten lernen kann, kommt einem die logische Antwort zugleich in den Sinn. Die Grenzregionen bzw. Nachbarregionen bieten hervorragende Möglichkeiten für die Förderung des Nachbarspracherwerbs in Kitas, da man die Sprachförderung praktikabel wirksam gestalten kann. Indem man sich an die Grundannahmen der kindlichen Sprachentwicklung erinnert, wird es auch klar: Über die erfolgreiche Sprachentwicklung bei Kindern entscheiden nicht nur die biologischen, sondern im wesentlichen die umweltspezifischen Faktoren.[98] Der polnische Hochschullehrer und Autor der didaktischen und methodischen Materialen für frühkindliches Sprachenlernen, Grzegorz Śpiewak, schrieb über die frühkindliche Motivation in seinem Artikel für die polnische Zeitschrift *„Fremdsprachen im Kindergarten"* Folgendes:

„(...) Małe „m" w tytule tego tekstu jest celowo niejednoznaczne. Po pierwsze, ma podkreślić, że (...) dotyczy motywacji w nauczaniu języka obcego naprawdę małych uczniów. (...) Po drugie, małe „m", gdyż przedstawiam

---

[97] Vgl. Merthan (2005: 10)
[98] Vgl. Jampert (2005: 39)

poniżej pogląd praktyka, nauczyciela, metodyka i ojca. O motywacji dla najmłodszych będzie zatem na ogół nie przez wielkie „M" (czyli akademicko), lecz bardzo praktycznie, na podstawie moich licznych doświadczeń "[99]

Übersetzung: „(...) Das kleine „m" im Titel dieses Textes ist absichtlich nicht eindeutig. Erstens, es sollte betonen, dass (...) es sich um die Sprachmotivation für die wirklich kleine Kinder handelt. (...) Zweitens, das kleine „m", da ich Ihnen Ansicht vom Praktiker, Lehrer, Methodiker und Vater vorstelle. Über die Motivation für die Jüngsten wird deshalb nicht mit großem „M" (was bedeutet – theoretisch), sondern sehr praxisnah, aufgrund meiner zahlreichen Erfahrungen. "

Dieses Zitat fesselte mich mit seiner direkten und unkomplizierten Art und Weise, wie es das Problem der kindlichen Motivation ergreift. Das Kind braucht einen persönlichen Bezug zu der Sprache und vor allem auch die Gelegenheiten sie im Alltag zu nutzen. Das Lernen des Englischen und jeder anderen Sprache macht für das Kind keinen weiteren Sinn, wenn man sich ohne weitere Probleme immer auf Polnisch verständigen kann. In der Grenzregion sieht die Situation insofern anders aus, dass man mehrere Impulse für die authentische Kommunikation in der Nachbarsprache findet. Direkte Anwendbarkeit des erworbenen sprachlichen Wissens bedeutet für das Kind eine bedeutungsvolle, weitere Lernmotivation.

„(...) Das Erlernen der Sprache des Nachbarlandes und das sich vertraut machen mit der Landeskunde sind nicht nur wichtige Voraussetzungen für Kommunikation und Kooperation, sondern auch die wichtigsten Hilfsmittel zur Unterminierung und Überwindung von Vorurteilen, Minderwertigkeitskomplexen- oder Überheblichkeitskomplexen aller Beteiligten "[100]

Die Anführung sensibilisiert und verdeutlicht noch die Tatsache, dass die Förderung des Nachbarspracherwerbs besonders vorteilhaft für die Regionalentwicklung ist. Sowohl aus der ökonomischen Perspektive wäre es für eine fruchtbare nachbarschaftliche Zusammenarbeit von ausschlaggebender Bedeutung, als auch aus weniger pragmatischen Gründen für die Vertiefung des Interesses und Bewusstseins von beheimateten Menschen für die Kultur des Nachbarlandes. Die unmittelbare Grenze zum Nachbarland und ein individuelles, ehrenamtliches Engagement vieler Muttersprachler bieten die besten Voraussetzungen für ein intensives, alltagsorientiertes Sprachenlernen in der frühen Kindheit.

Von daher sind Projekte wie *„Lerne die Sprache des Nachbarn"* an der deutsch-französischen Grenze oder frühnachbarsprachige Initiativen in Kitas im deutsch-dänischen Grenzraum nicht ohne Grund sehr gefragt und freuen sich über steigende Anerkennung. In

---

[99] Vgl. Śpiewak (2015: 50)

[100] Vgl. http://www.deutsches-polen-institut.de/Projekte/Projekte-Aktuell/Kopernikus-Gruppe/vierte-sitzung.php in: Vogel (2010: 114)

Sachsen und Brandenburg fördert das Ministerium für Bildung, Jugend und Sport Brandenburg auch seit 1998 die Minderheitssprache Sorbisch (das Projekt „Witaj"), in Nordrhein-Westfalen gewann mit der Zeit ebenfalls Niederländisch an Plausibilität.[101]

In dem deutsch-polnischem Grenzraum hat sich bereits für Unterstützung des frühen Nachbarspracherwerbs in Kindertagesstätten viel getan. Von der nachbarsprachigen Arbeit profitierten bisher Kitas vor allem in Brandenburg und in Sachsen. Das Polnisch Angebot in Kitas des Bundeslandes Mecklenburg-Vorpommern existiert seit 2007 und es wurde von dem Bildungsministerium Mecklenburg-Vorpommern finanziert. Es war jedoch eher einseitig, da lediglich Polnisch auf der deutschen Seite angeboten wurde (von daher kann man über Fremdsprachenangebot sprechen und nicht zwingend über Nachbarsprachenangebot). Im Land Brandenburg entstand 2004 aus der Initiative des Sprachenzentrums der Europa-Universität Viadrina in Frankfurt an der Oder das Projekt „Frühstart in die Nachbarsprache" in Kitas (gefördert durch das INTERREG -Programm der Europäischen Union). Beiderseits der Oder sollten die Kinder im Vorschulalter einen Einblick in die Sprache und Kultur des Nachbarn gewinnen. Interessanterweise wurden an diesem Projekt auch die Studenten der Viadrina beteiligt, die mit ihren interkulturellen Kompetenzen und sprachlicher Gewandtheit im Polnischen und Deutschen von unschätzbarer Hilfe waren.

Meine Neugierde weckten jedoch die Förderungsinitiativen für die nachbarsprachigen Aktivitäten der Kitas des sächsisch-polnischen Grenzgebiets und sollten im Anschluss an diesen Gedanken im nächsten Kapitel behandelt werden.

4.1 Förderungsprogramme für den frühen Nachbarspracherwerb im sächsisch-polnischem Grenzraum

Früher Nachbarspracherwerb hat in dem Dreiländereck Deutschland-Polen-Tschechien bereits eine längere Geschichte. Seit Mitte der 90er Jahre datiert man die einzelnen Initiativen, die sich der Unterstützung der Nachbarsprachenvermittlung im Vorschulalter zuwendeten.[102] Die Euroregion „Neisse-Nisa-Nysa" ist ein Zuhause für vier Nationalitäten: Deutsche, Polnische, Tschechische und Sorbische. Dementsprechend diente die Grenzregion als äußerst nahrhafter Boden für die Gestaltung eines innovativen Bildungsstandorts.

Eines der wichtigsten Projekte für die fachliche Förderung der grenzüberschreitenden nachbarsprachigen Bildungsarbeit wurde durch das Bundesministerium für Bildung und Forschung (BMBF) berufen und im Rahmen des Bundesprogramms „Lernende Regionen"

---

[101] Vgl. Bień-Lietz, Vogel (2008: 20)
[102] Vgl. Gellrich, Bartusiak, Schönfelder (2015: 7)

seit 2003 bis April 2007 realisiert.[103] Abgeleitet wurde der Name des Projekts „PONTES-Werkstatt Nachbarschaft und Sprache" aus dem Lateinischen als Symbol für „Brücken überschreitende" Initiative.

PONTES unterbreitete mehrere Unterstützungsangebote für das effektive Erlernen der Nachbarsprache. Außerdem versuchte das Projekt bei der Entwicklung der „Euregiokompetenzen" mitzuwirken, indem es Nachbarsprachenlernen, Erwerb der interkulturellen Kompetenzen und Identifikation mit der Euroregion zusammensetzte.[104] Die Zielgruppe des Projekts waren Kinder und Jugendliche, laut der Devise *„Je früher, desto besser".*[105]

Im Rahmen der PONTES-Werkstatt wurde ein umfassendes Spektrum an zahlreichen Fortbildungen zur Qualifizierung der Erzieher/-innen in mehrsprachiger Arbeit angeboten und wurden mehrere Fachtagungen und regelmäßige Erfahrungsaustausche organisiert.[106] Außerdem entstand 2012 dank der ehrenamtlichen Initiative der trinationale Verein „TriLingo e.V.", welcher sich für verschiedene Aktivitäten mit dem Ziel der Unterstützung des frühen Nachbarspracherwerbs wie „Tag der Nachbarsprachen" in der Euroregion engagiert. Dank dessen bekommen die Kinder eine Möglichkeit bereits seit den frühtesten Jahren sich nicht nur der Sprache des Nachbarn anzunähern, sondern auch ihren Sprechern. Auf diesem Wege erfolgt der Prozess der Entwicklung einer grenzüberschreitenden Identität. Durch die Erfahrungen mit dem grenzüberschreitenden Bildungsnetzwerk PONTES ergriff das Sächsische Staatsministerium für Kultus die Initiative - im September 2014 wurde vom Freistaat Sachsen in Görlitz die Sächsische Landesstelle für frühe nachbarsprachige Bildung eingerichtet.[107] Nach dem Motto *„Nachbarsprache von Anfang an!"* spielt die Landestelle eine bedeutende Rolle für bessere Kommunikation zwischen allen Akteuren aus dem wissenschaftlichen, politischen, institutionellen und praxisorientierten Bereich, die sich für die Idee der frühen nachbarsprachigen Bildung begeistern können.

Der nächste Unterpunkt befasst sich detailliert mit dem Konzept der frühen nachbarsprachigen Bildung und sollte einen umfassenden Gesamtüberblick über die wichtigsten Ziele und bisherige Aktivität auf dem „nachbarsprachigen Gebiet" der Sächsischen Landesstelle verschaffen.

---

[103] Vgl. Gellrich (2008: 76)
[104] Vgl. Gellrich (2008: 78)
[105] Vgl. Gellrich (2008: 80)
[106] Vgl. Gellrich, Bartusiak, Schönfelder (2015: 8)
[107] Vgl. http://www.nachbarsprachen-sachsen.eu/de/ueber-uns.html

4.1.1 „Nachbarsprache von Anfang an" – Projekt der Sächsischen Landestelle für frühe nachbarsprachige Bildung

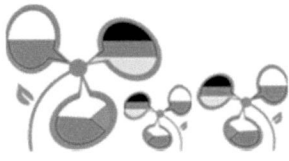

Abb.1 Das Logo des Projekts „Nachbarsprache von Anfang an!"- in Form eines „dreinationalen Kleeblatts", Quelle: http://www.nachbarsprachen-sachsen.eu/de/index.html

4.1.1.1 Projekthintergrund – Definition und die wichtigsten Ziele

„(…)Intention ist es, gemeinsam mit allen relevanten Akteuren- von den Kitas, den Einrichtungsträgern und Kommunen über die Euroregionen bis hin zur Wissenschaft, Landespolitik- und Verwaltung – ein wissenschaftlich fundiertes und auf die Besonderheiten des sächsischen Grenzraumes abgestimmtes Konzept für die frühe nachbarsprachige Bildung sowie entsprechende Instrumente zur Umsetzung in der Kita- Praxis zu entwickeln" [108]

Im 18. Jahrhundert plädierte der deutsche Pädagoge Friedrich Förbel bereits für die Anerkennung des Kindergartens als der untersten Stufe des Bildungswesens. Dieser romantisierte Gedanke ließ jedoch auf seine Umsetzung lange warten, da erst 1970 Kindertagesstätten als Teil des Bildungswesens offiziell anerkannt und im Bildungsbericht berücksichtigt wurden.[109] Intensive Forschungsarbeiten in dem Bereich der kognitiven Entwicklung bei Kindern im Vorschulalter leiteten das neue Image der Kita als eine der wichtigsten Institutionen auf der Bildungsebene ein.

Frühe nachbarsprachige Bildung greift auf alle Aspekte der frühkindlichen Bildung zu, die für den Erwerb der sprachlichen und interkulturellen Kompetenzen entscheidend sind. Das offensichtliche Ziel des Projekts, den Nachbarspracherwerb im Vorschulalter zu unterstützen, ist aber nicht das Einzige. Darüber hinaus sollte das Kindergartenkind eine Chance bekommen, die einzigartige Atmosphäre des Grenzgebiets kennen zu lernen. Somit unterstützt man auch die künftige, regionale Integration und die Herausbildung der sogenannten „Grenzkompetenz".

---

[108] Vgl. http://www.nachbarsprachen-sachsen.eu/de/gemeinsam-im-netzwerk.html
[109] Vgl. Grossman (2002: 38)

„(...) Wer an einer Grenze wohnt, lebt anders; anders als die Nicht- Grenzwohner, aber auch anders als Grenzwohner an anderen Grenzen. Jede Grenze prägt die je eigenen Grenzwohner, und umgekehrt gilt: Grenzwohner prägen ihre je eigene Grenze. (...) Grenzkompetenz ist die Grundlage intelligenten Grenzwohnens und demokratischer Lebensgestaltung; ihr Erwerb kann zur Förderung sozialer Kohäsion im regionalen, nationalen und internationalen Rahmen beitragen."[110]

Mit dem Frühbeginn des Nachbarspracherwerbs gewinnt man auch eine wichtige Grundlage für die erwünschte Herausbildung der Grenzkompetenz und des europäischen Bewusstseins. Mit welchen Modellen und Methoden dies erreicht wird spielt natürlich eine wesentliche Rolle. In dieser Hinsicht sind jedoch mehrere Lernalternativen möglich - Projektarbeit mit der Partnereinrichtung aus dem Nachbarland, spielerische Nachbarsprachangebote initiiert von den polnischen und deutschen Muttersprachlern sowie gegenseitige Begegnungen mit Kindern aus beiden Ländern (in der Regel findet dies beim gemeinsamen Spiel im Rahmen einer Partnerschaft statt).[111] Unter den methodischen Ansätzen findet in erster Linie die Immersions-Methode die größte Zustimmung. Wörtlich übersetzt aus dem Lateinischen bedeutet „Immersion" – „Eintauchen" oder „Sprachbad" und verkörpert die Idee des Eintauchens der Kinder und Erzieher in eine Sprache. Mit ihrem Ziel erinnert sie stark an das Lernprinzip „Eine Person - eine Sprache", das in den bilingualen Familien bereits sehr beliebt ist. Im Kindergarten dürfte Immersion so funktionieren, dass das Kind mehr als die Hälfte des Tages in einer zweiten Sprache bzw. Nachbarsprache kommuniziert. Dieses Phänomen wird jedoch als „frühe Immersion" bezeichnet.[112] Die Lehrer versuchen den Kindern die Sprache in alltäglichen Situationen beizubringen und nicht wie es sonst immer war - im klassischen Unterricht. Immersion basiert auf den neusten Ergebnissen der frühkindlichen Sprachentwicklung und nimmt Rücksicht auf die besonderen Lernprozesse des Kindergartenkindes (wie bereits erwähnt, lernt das Kind am besten spontan in alltäglichen Situationen). Die Voraussetzungen für das Immersions-Konzept bereiten jedoch den Kitas gewisse Schwierigkeiten, da man für den maximalen Erfolg der nachbarsprachigen Bildung viele Erzieher auf Muttersprachniveau der Nachbarsprache in seinem Kindergarten beschäftigen sollte. Im Zusammenhang damit spielen aber die Rahmenbedingungen eine signifikante Rolle. Wirtschaftlich betrachtet kann man sich nur schwer vorstellen, dass deutsche Muttersprachler in einer polnischen Kita für wesentlich weniger Gehalt arbeiten möchten als sie im eigenen Land verdienen würden. Umgekehrt könnte es selbstverständlich besser funktionieren, aber man sollte lediglich die Lösungen berücksichtigen, die attraktiv für

---

[110] Vgl. Raasch in: Bień-Lietz, Vogel (2008: 9)
[111] Vgl. http://www.nachbarsprachen-sachsen.eu/de/nachbarsprache-methoden.html
[112] Vgl. Zimmer (2014: 125)

beide Länder erscheinen. Bezüglich ihrer unbestrittenen Effektivität bleibt die Immersions-Methode allerdings der größte Wunsch von vielen sächsischen und polnischen Kindergarteneinrichtungen.

Ebenfalls häufig ist die Sprachanimation in den Kitas der Grenzregion vorzufinden und im Fokus dieser Methode stehen vor allem Spiel und Kommunikation. Es handelt sich im Wesentlichen um die Entwicklung eines besseren Gefühls für die Sprache und kulturelle Einzigartigkeit des Nachbarlandes bei Kindern im Vorschulalter. Zu beachten ist dabei die Tatsache, dass es sich weniger um die Sprache handelt, sondern um die interkulturelle Begegnung auf eine spielerische Art und Weise. Das bereits erwähnte Deutsch-Polnische Jugendwerk bietet für die Umsetzung dieser Methode ein breites Spektrum an diversen Möglichkeiten an.[113]

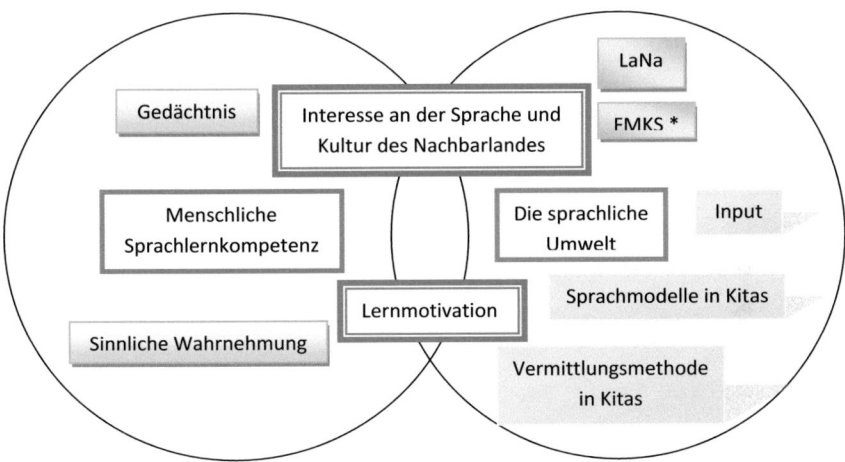

*Frühe Mehrsprachigkeit an Kitas und Schulen

Abb. 2: Bei dem erfolgreichen Nachbarspracherwerb spielen verschiedene Faktoren eine wichtige Rolle. Verallgemeinert könnte man zwei Pole differenzieren: Individuelle, menschliche Sprachlernfähigkeiten und die sprachliche Umwelt. Dieses Schema soll die Position der Initiative der LaNa verdeutlichen - als Teil der sprachlichen Umwelt, die jedoch durch Zusammenspiel aus den Elementen der institutionellen, sozialen und kulturellen Umwelt definiert wird. In der Mitte findet man die entscheidenden Faktoren für den Nachbarspracherwerb, die sich nicht eindeutig einordnen lassen bzw. ist Lernmotivation

---

[113] Vgl. http://www.nachbarsprachen-sachsen.eu/de/sprachanimation.html

ebenso ein Produkt der eigenen Veranlagung wie sie auch den Umgebungsbedingungen unterliegt. Quelle: Eigene Bearbeitung.

Abgesehen von der Effizienz der Methoden und den Modellen der Nachbarsprachvermittlung bleibt es unter allen Umständen von immanenter Bedeutung, dass jedes Kind individuell lernt und von daher muss man sich immer zuerst an seinen persönlichen Bedürfnissen orientieren. Die Nachbarsprache sollte aber in das bereits existierende Sprachsystem des Vorschulkindes planmäßig integriert werden, indem man die Vorzüge der Grenzregion richtig zu schätzen weiß - so wie es die Sächsische Landestelle bereits erkannte.

4.1.1.2 Förderungsangebot und Ausblick auf den aktuellen Forschungsstand der Sächsischen Landestelle

„(...)Aber dieses Engagement braucht Unterstützung, damit nachbarsprachige Bildung kontinuierlich und nachhaltig in den Kita-Alltag integriert werden kann. Dazu gehören nicht nur die methodisch-didaktische Qualifizierung und Verfügbarkeit von nachbarsprachigen Kompetenzen im Kita-Team, sondern auch kontinuierlich gesicherte Rahmenbedingungen" [114]

Zugleich möchte die LaNa individuell die Erzieher- und Erzieherinnen, Eltern und alle interessierten Personen mit den methodisch-didaktischen Fortbildungen zur Durchführung nachbarsprachiger Angebote vertraut machen.

Im Zusammenhang damit setzt sie sich auch tiefgründig mit vielen Initiativen und Projekten auseinander, die sich für die nachbarsprachige Arbeit in dem sächsisch-polnischen Grenzgebiet engagieren und greift gerne die Erfahrungen und Ergebnisse der PONTES-Agentur wieder auf.

Rechtliche Einflussfaktoren gehören jedoch zu den Themen, die auf jeden Fall für die gesamte Arbeit der Landesstelle entscheidend sind. Dementsprechend sollten sie zunächst im Kontext der Arbeit erläutert werden. Die Rahmen für die Umsetzung der Konzeption der frühen nachbarsprachigen Bildung bestimmt das Sächsische Gesetz zur Förderung von Kindern in Tageseinrichtungen. Auf diese Weise werden nicht nur der „Bildungs-, Erziehungs-, und Betreuungsauftrag zum Erwerb und Förderung sozialer Kompetenzen"[115] geregelt, sondern auch die Bedingungen für „die Ausbildung zum Erwerb von Wissen und

---

[114] Vgl. Gellrich (2015: 177)
[115] Vgl. SächsKitaG

Können".[116] Der Sächsische Bildungsplan schreibt die pädagogische und demzufolge auch die nachbarsprachige Arbeit in den sächsischen Kitas vor.

Für die Finanzierung der nachbarsprachigen Angebote gibt es mehrere Möglichkeiten. In der Bestandsaufnahme von der LaNa aus dem letzten Jahr findet man folgende Finanzierungsalternativen:

„(...)Darüber hinaus können Kosten, die durch zusätzliche Angebote der Kindertageseinrichtungen bedingt sind, gegenüber den Erziehungsberechtigten im Einvernehmen mit dem Elternbeitrat geltend gemacht werden"[117]

Außerdem haben „nachbarsprachige Kitas" die Möglichkeit einen Landeszuschuss zu erhalten. Eine Berücksichtigung der relevanten Voraussetzungen (in der Kita werden die Kinder zweisprachig mithilfe der Immersionsmethode erzogen, darüber hinaus besteht ebenfalls eine Partnerschaft mit einer Kita aus dem Nachbarland) ermöglichte es 6 sächsischen Kitas (3 davon betreuen polnische Kinder) den Landezuschuss zu erlangen.[118] Das Deutsch-Polnische Jugendwerk bietet auch Hilfe für die Finanzierung der nachbarsprachigen Aktivitäten in Kitas.

Für die Ausbildung des pädagogischen Personals ist vor allem die Sächsische Qualifikations- und Fortbildungsverordnung pädagogischer Fachkräfte zuständig. Diese institutionellen Regelungen sind ein wertvoller Rahmen für die Beschäftigung ausländischer Fachkräfte in dem Kindergartenbereich.[119]

Die LaNa bietet im Rahmen des Projekts „Nachbarsprache von Anfang an!" wertvolle Unterstützung aus der pädagogischen Sicht für alle beteiligten Akteure: Eltern, Kita-Fachkräfte, Einrichtungsträger und Kommunen. Da für die nachbarsprachige Bildung der Kinder der Begriff der Zusammenarbeit eine wichtigere Rolle als je zuvor spielt, darf es auch nicht an Engagement von Wissenschaftlern und Politikern fehlen.

Die Internetplattform www.nachbarsprachen-sachsen.eu lädt zu einer intensiven Begegnung mit dem Konzept der frühen nachbarsprachigen Bildung ein. Ihre klare Struktur und abwechslungsreiche Darstellung der Idee sind leicht verständlich und wecken ganz eindeutig das Interesse sowohl von den Laien als auch von vertrauten Sprachexperten.

Als Elternteil bekommt man nicht nur eine Chance etwas über die Vorteile des frühen Nachbarspracherwerbs zu erfahren, vielmehr erhält man auch die Kenntnis von den nachbarsprachigen Angeboten in Kitas und Veranstaltungshinweisen. Darüber hinaus wurde

---

[116] Ebd.
[117] Vgl. Gellrich, Bartusiak, Schönfelder (2015: 12)
[118] Vgl. Gellrich, Bartusiak, Schönfelder (2015:12)
[119] Vgl. Gellrich, Bartusiak, Schönfelder (2015:13)

den Eltern ebenfalls facettenreiche Anregungen zur Verfügung gestellt. In Kooperation mit den Bildungsinstitutionen (Deutsch-Polnische Gesellschaft Brandenburg, Staatsministerium für Kultus) entstanden zahlreiche Ratgeber für die Eltern: *„Warum Polnisch? Ein Ratgeber für Eltern und alle, die mehr über die Sprache unseres Nachbarlandes erfahren möchten"* oder *„Mit Sprachen groß werden"*. Das Angebot umfasst jedoch viel mehr. In erster Linie handelt es sich um Spiel- und Lernmaterialen für die Unterstützung der sprachlichen Entwicklung der Kinder. Viele Publikationen, vor allem Kinderbücher und Nachbarsprachhelfer sind online kostenlos oder sehr preiswert erhältlich und sorgen für ein abwechslungsreiches Lernen. Der „Nachbarsprachkoffer" wurde vor kurzem von der LaNa gepackt und mit seiner freundlichen, nachbarsprachigen Botschaft bereichert er die Zusammenarbeit der Pädagogen, Eltern und Kinder.[120] Mit den Materialen für Kreativ,- Lese-, und Spielzeit wird es im Nachbarsprachunterricht nie langweilig. Außerdem besteht auch die Möglichkeit sich den Koffer voller Projektideen auszuleihen.

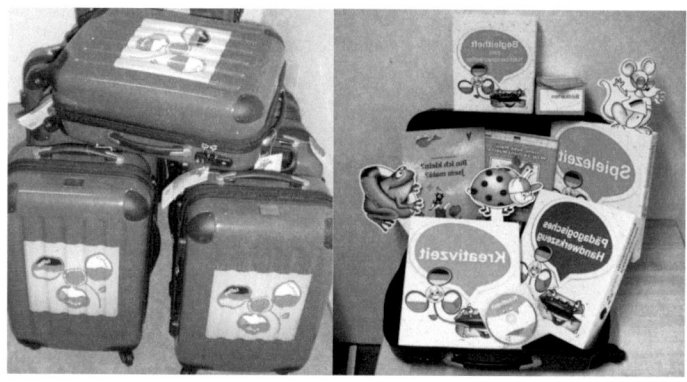

Abb. 3 Die zwei Bilder findet man auf der Internetseite http://www.nachbarsprachen-sachsen.eu/de/nachbarsprachkoffer.html unter dem Stichwort „Nachbarsprachkoffer". Quelle: http://www.nachbarsprachen-sachsen.eu/blog/allgemein/nachbarsprachkoffer-stehen-nun-zur-ausleihe-bereit.html

Pädagogische Kräfte können ebenfalls einen umfassenden Einblick in neue Methoden und Modelle der frühen Nachbarsprachevermittlung gewinnen. In diesem Sinne werden vor allem die wichtigsten Erfahrungen aus der erziehungswissenschaftlichen Praxis vermittelt: Ratschläge zum Anerkennungssystem der Lernfortschritte sowie wertvolle Informationen

---

[120] Vgl. http://www.nachbarsprachen-sachsen.eu/de/nachbarsprachkoffer.html

bezüglich der erfolgreichsten Arbeitsmethoden. Für diese bestimmte Methodenumsetzung oder Realisierung von grenzüberschreitenden Projekten braucht man selbstverständlich eine klare Auskunft über die strukturellen Rahmenbedingungen. Im Zusammenhang damit bietet die LaNa auch fachliche Beratung bezüglich der Finanzierungsfragen zu der nachbarsprachigen Bildung oder der Konzipierung des Projekts in Kita.[121] Darüber hinaus werden die Lehrer und Erzieher über die aktuellsten Fortbildungen, Nachbarsprachkurse und relevanten Termine auf dem Laufenden gehalten.

Das Internetportal erfüllt auf jeden Fall seine informative Funktion - für den neugierigen Leser bedeutet es das Fenster zur Welt der Nachbarsprachigkeit. Darüber hinaus bietet es ein komplexes methodisches Instrumentarium für alle projektbeteiligten Akteure um die gewonnenen Erfahrungen und Eindrücke miteinander teilen zu können. Zusammenfassend lässt sich ohne Zweifel feststellen, dass die Plattform eine gelungene Investition in die Zukunft der effizienten Bildungsarbeit an dem „Lernort Grenzregion" ist.

Die letzten zwei Jahre waren für die nachbarsprachige Arbeit der LaNa besonders produktiv. Telefonbefragungen waren der erste Schritt zur Ermittlung einer komplexen Datenbasis für weitere quantitative und qualitative Forschung im Bereich der nachbarsprachigen Bildung in der Grenzregion. Auf diese Art und Weise ist es gelungen, die *„aktiven" „erfahrenen"* und *„interessierten"* Kitas in Sachsen zu identifizieren.[122] Unter dem Begriff *„aktiv"* wurden diejenigen Einrichtungen kategorisiert, die das nachbarsprachliche Angebot im Polnischen unterbreiten und/oder eine Partnerschaft mit der Kita im Nachbarsprachland pflegen. Als *„erfahren"* bezeichnete man die Kitas, die in der Vergangenheit ein Sprachangebot in der Nachbarsprache anboten oder eine Partnerschaft mit einer Kita im Nachbarland hatten. Die *„interessierten"* Kindergärten wurden ebenfalls in der Forschung der LaNa berücksichtigt, da sie vielversprechendes Potenzial mit ihrem Interesse bei der Telefonbefragung für nachbarsprachige Arbeit vorwiesen. Dank dessen entstand ein wertvolles Instrument für die künftige Arbeit der LaNa. Die Ergebnisse der Auswertung findet man auf der Internetplattform und bekommt die Möglichkeit sich mithilfe der interaktiven Landkarte über die engagierten Kitas aus dem sächsischen Raum zu informieren. Auf diese Art und Weise ergab sich die erste Arbeitsgrundlage für konkrete Handlungen im Bereich der kontinuierlichen, nachbarsprachigen Bildungsarbeit in sächsischen Kitas. Ob es auch in dem polnischen *Powiat Zgorzelecki* (Görlitzer Umkreis) ein Potenzial für gelingendes Nachbarsprachelernen gibt, wird sich im nächsten Kapitel klären.

---

[121] Vgl. http://www.nachbarsprachen-sachsen.eu/de/beratung-unterstuetzung.html
[122] Vgl. Gellrich, Bartusiak, Schönfelder 2015: 28

5 Forschungsmethoden

Eingedenk der bereits vorhandenen sprachwissenschaftlichen und sprachdidaktischen Forschungsansätze der LaNa wurde am 07.01.2016 in Görlitz mit Frau Dr. Regina Gellrich, Leiterin des Projekts *„Nachbarsprache von Anfang an!"*,ein strategisches Vorgehen für die Analyse der Struktur der Fremdsprachenvermittlung in der polnischen Grenzregion festgelegt. Im Zeitraum vom 01.02.2016 bis 10.02.2016 wurde von mir eine telefonische Befragung mit 26 Kitas (staatliche und private Einrichtungen) im *Powiat Zgorzelecki (Görlitzer Umkreis)* durchgeführt. Das Ziel war vor allem herauszufinden, ob Nachbarsprachenangebot in den Kindergärten vorhanden ist beziehungsweise in der Vergangenheit angeboten wurde. Darüber hinaus sollten durch telefonische Gespräche mit Erzieherinnen die Spezifika der methodischen und organisatorischen Modelle in einer polnischen Kita transparent gemacht werden. Gleichzeitig wurden auch die Erfahrungen auf dem Gebiet der nachbarsprachigen Bildung untersucht (wie viele Kitas unterbreiten Angebote zur Heranführung an die deutsche Sprache?). Als Forschungsmethode für meine Fragen wählte ich „das narrativ-fokussierte Interview" aus.[123]

„(...)So ergibt sich die Aufgabe, einerseits den Erzähler nicht zu beeinträchtigen, aber den Erzählinhalt dennoch zu begrenzen. Damit steht das narrativ-fokussierte Interview zwischen dem rein narrativen Interview, also dem völlig frei verfügbaren Erzählen, und dem Leitfadeninterview, bei dem die Erzählung durch vorstrukturierte Frage- und Problemstellungen in gewissem Sinn präformiert ist"[124]

Diese Definition wurde von Ruth Kaiser verfasst und spiegelt meine Intentionen sehr gut wieder. Meine Fragen wurden absichtlich so formuliert, dass die Gesprächspartnerinnen einen Spielraum für persönliche Überzeugungen und Meinungen hatten. Das Interview fing jedoch immer mit der einfachen „Ja" und „Nein" Abfrage an:

(1) „Gibt es in Ihrer Kita Angebote zur Heranführung an die deutsche Sprache?"

(2) „Pflegt Ihre Kita eine Zusammenarbeit mit einer Kita aus Deutschland (Nachbarland)?"

Weiterhin ergaben sich oftmals Gelegenheiten um herauszufinden, wie die fremdsprachliche Bildung in einem polnischen Kindergarten aussieht (was für eine Art von Angebot bietet die Kita an oder weshalb sie kein Angebot hat). Die gewonnenen Daten dienen als ein

---

[123] Vgl. Kaiser (1992: 361)
[124] Vgl. Kaiser (1992: 362)

Ansatzpunkt für die Qualitätsentwicklung der frühen nachbarsprachigen Bildung in dem deutsch-polnischen Grenzgebiet.

6   Datenerhebung und Datenauswertung

Für meine Analyse wurden 14 staatliche und 12 private Kitas in 7 Stadt- und Landgemeinden von „Powiat Zgorzelecki" berücksichtigt. Wörtlich übersetzt der polnische Begriff „Powiat" bedeutet „Umkreis" und in der Praxis entspricht er dem deutschen Landkreis. Die Kitas befinden sich in folgenden Städten und Dörfern und wurden auf der Karte in Abb.4 aufgezeigt:

- Zgorzelec (Stadtgemeinde Görlitz)
- Zawidów (Stadtgemeinde Seidenberg)
- Bogatynia (Stadt- und Landgemeinde Reichenau)
- Węgliniec (Stadt- und Landgemeinde Kohlfurt)
- Ruszów (Stadt- und Landgemeinde Kohlfurt)
- Porajów (Stadt- und Landgemeinde Reichenau)
- Sulików (Landgemeinde Schönberg)

Zum Zeitpunkt der Befragung gaben **20 Kitas (77% aller untersuchten Kinderstätten)** an ein Sprachlernangebot in der Nachbarsprache Deutsch zu führen, aber nur 6 pflegen zusätzlich die Partnerschaft mit einer Kita aus dem Nachbarland (23% aller untersuchten Kindertagesstätten). 3 Kitaleiterinnen zeigten überhaupt gar kein Interesse an dem Gespräch und wollten dementsprechend die Fragen nicht beantworten. In 3 Kitas hat Englisch die höchste Priorität und es gibt kein Nachbarsprachangebot (Zawidów, Węgliniec, Sulików).

Abb.4 Regionale Eingrenzung der Ortschaften, in denen sich die Kitas befinden. Quelle: Eigene Bearbeitung

Die größte Anzahl von Kitas, die in ihrem Sprachangebot die Nachbarsprache Deutsch unterbreiten, befindet sich in der Stadt Görlitz (10 Kitas sind genau die Hälfte aller Kitas mit einem Deutschangebot), wobei 6 staatlich geförderte Kitas sind und 4 sind privat. 3 von den 10 Kitas in Zgorzelec unterbreiten Deutsch in ihrer Kita nicht nur im Rahmen des regelmäßigen Unterrichts, sondern in Form einer Kita-Partnerschaft.

Ein imponierendes Bild stellt mit ihrem nachbarsprachlichen Angebot die Stadt Bogatynia am malerischen Erlichtbach dar. 6 Kitas in Bogatynia bieten Deutsch an und 2 pflegen noch zusätzlich die Partnerschaft mit einer Einrichtung auf der deutschen Oderseite.

In Pieńsk, Węgliniec, Porajów und Ruszów gibt es ebenfalls eine Kita, in der die Kinder eine Möglichkeit bekommen, Deutsch zu lernen. Auf der Karte wurden mit der gelben Farbe die privaten Kindergarteneinrichtungen und mit der Lilafarbe die staatlichen

Kindergarteneinrichtungen gekennzeichnet. Die Nummern 1,2,3,4,5 weisen auf diejenigen Kitas hin, die Partnerschaften mit einer Kita aus dem Nachbarland pflegen. Partnerschaften oder thematische Projekte mit einer Partnereinrichtung wurden ausschließlich von Kitas initiiert, die ebenfalls ein regelmäßiges Deutsch Sprachangebot aufwiesen. Das Lernen durch eine „Begegnung"[125] mit Kindern aus dem Nachbarland wird eher als ein „Extraangebot" betrachtet oder als eine Abwechslung für das gewöhnliche, regelmäßig stattfindende Sprachangebot.

Abb.4 Geographische Lage der Kitas mit dem Nachbarsprachangebot und einer Partnerschaft mit einer Kita im Nachbarland. Quelle: Eigene Bearbeitung

Am 01.09.2015 wurde ein Gesetz von dem polnischen Bildungsministerium veröffentlicht, nach dem jede Kita dazu verpflichtet ist, ein Fremdsprachenangebot zu führen.

---

[125] Vgl. LaNa- Modelle und Methoden für nachbarsprachige Bildungsarbeit in sächsischen Kitas, http://www.nachbarsprachen-sachsen.eu/de/modelle-methoden.html

Obwohl viele Kitas in dem polnischen Umkreis die Nachbarsprache Deutsch anbieten, bleibt Englisch stets auf dem ersten Platz. Englisch wird ausnahmslos in jeder Kita angeboten, während die Nachbarsprache Deutsch freiwillig von den Kindern gewählt werden kann (als Zusatzangebot; Deutsch bekommt trotz seiner nicht nachlassenden Popularität in der polnischen Grenzregion keinen Status der „ersten Fremdsprache"). Es liegt wahrscheinlich auch an der Tatsache, dass Englisch in den polnischen Schulen die bevorzugte Sprache ist. Mit dem frühen Start in die Fremdsprache bekommen die Kinder bessere Einstiegsmöglichkeiten ins Englische in der Grundschule.

In dem polnischen Umland Zgorzelec stehen im Bereich der frühen nachbarsprachigen Bildung die Städte an der Spitze, die sich in der Nähe der deutsch-polnischen Grenze befinden (Zgorzelec, Pieńsk). Es lässt sich jedoch nicht feststellen, dass die Entfernung von der Grenze ein unmittelbares Kriterium für die Verfügbarkeit der nachbarsprachlichen Angebote in Kitas ist. Auf der Karte sieht man ganz deutlich, dass in den von der Grenze weit liegenden Einrichtungen Deutsch ebenfalls häufig unterrichtet wird.

Ob der Kindergarten staatlich oder privat gefördert wird, scheint auch in diesem Kontext keine entscheidende Rolle zu spielen. Viel wichtiger für das Vorhandensein der nachbarsprachlichen Angebote bleibt die Eigeninitiative der Eltern und des pädagogischen Personals. Nichtdestotrotz wird in dem Unterkapitel 6.1 das Deutschangebot in einem privaten und staatlichen Kindergarten näher betrachtet um die eventuellen Differenzen zu identifizieren.

Interessant bleibt jedoch immerhin die Frage, welche Kriterien bei der Auswahl der Fremdsprache berücksichtigt werden müssen. Im Rahmenplan der Bildungsministerin vom 01.09.2014 für Kinderstätte kann man Folgendes lesen[126]:

„(...)Dokonując wyboru języka obcego nowożytnego, do posługiwania się którym będą przygotowywane dzieci uczęszczające do przedszkola lub innej formy wychowania przedszkolnego, należy brać pod uwagę, jaki język obcy nowożytny jest nauczany w szkołach podstawowych na terenie danej gminy."[127]

Übersetzung: „(...) Bei der Auswahl der neuen Sprache, die Kindergartenkinder kennen lernen werden, sollte man berücksichtigen, welche neue Sprache in den Grundschulen auf dem Gebiet der Gemeinde unterrichtet wird"

---

[126] Bildungsministerium ist das höchste Organ des polnischen Staates, das für Bildung und Erziehung auf allen Ebenen verantwortlich ist. Zu den wichtigsten Aufgaben des Ministeriums gehören: Programm der Kindergartenerziehung, der allgemeinen Erziehung, Erstellen des Lehrprogramms, Lehrbücher und didaktischen Hilfsmittel, Examen außerhalb der Schule, Einstellen von Lehrern, Stipendienprogramme.
[127] Vgl. Dziennik Ustaw Rzeczpospolitej Polskiej, Rozporządzenie 803

In Hinsicht auf die weltweite Beliebtheit des Englischen wird auch diese Sprache in den polnischen Kitas und Grundschulen am meisten gewählt. Schließlich stellen die Grenzregionen ein anderes Bild dar, wo auch Sprachen des Nachbarlandes einen besonderen Stellenwert bekommen. Die endgültige Entscheidung darüber, welche Fremdsprachen die Kinder in einer Kita kennen lernen werden, trifft die Kitaleiterin. Die Eltern sind jedoch dazu berechtigt, gegen ein Urteil Berufung einzulegen. Darüber hinaus wurden Empfehlungen für die fremdsprachliche Bildung in Kitas im Gesetzblatt des Bildungsministeriums enthalten:

„(...)Przygotowanie dzieci do posługiwania się językiem obcym nowożytnym powinno być włączone w różne działania realizowane w ramach programu wychowania przedszkolnego i powinno odbywać się przede wszystkim w formie zabawy. Należy stworzyć warunki umożliwiające dzieciom osłuchanie się z językiem obcym w różnych sytuacjach życia codziennego. Może to zostać zrealizowane m.in. poprzez kierowanie do dzieci bardzo prostych poleceń w języku obcym nowożytnym w toku różnych zajęć i zabaw, wspólną lekturę książeczek dla dzieci w języku obcym, włączenie do zajęć rymowanek, prostych wierszyków"[128]

Übersetzung: „(...) Die Vorbereitung der Kinder für Verwendung einer neuen Fremdsprache sollte in verschiedene Aktivitäten eingeschlossen werden, die im Rahmen des Kitabildungsprogramm realisiert werden und vor allem im Spiel stattfinden. Man sollte den Kindern richtige Bedingungen verschaffen, die den Kontakt mit der Sprache in Alltagssituationen ermöglichen. Das kann durch Aussprechen von einfachen Sätze in der Fremdsprache während des Spiels erfolgen oder durch eine gemeinsame Lektüre von Kinderbücher in einer Fremdsprache, Rezitieren von einfachen Gedichten oder Spielreimen. "

Diese Aussagen sind schlüssig mit dem Wissen, dass von vielen Gehirnforscher postuliert wird. Im besten Fall sollten die Fremdsprachen in Kindergärten spielerisch und mit wenig Anstrengung den Kindern beigebracht werden.

Laut dem Gesetz des Bildungsministeriums vom 14.10.2013 wurden die Qualifikationen der Fremdsprachenlehrer bestimmt:

„(...)Kwalifikacje do nauczania języków obcych i innych przedmiotów wykładanych w języku obcym w nauczycielskich kolegiach języków obcych posiada osoba, która ukończyła:

1) Studia magisterskie na kierunku filologia w specjalności danego języka obcego lub lingwistyki stosowanej w zakresie danego języka obcego oraz posiada przygotowanie pedagogiczne lub

2) Studia wyższe w kraju, w którym językiem urzędowym jest dany język obcy nauczany w kolegium oraz posiada przygotowanie pedagogiczne"

Übersetzung: „(...)Folgende Abschlüsse qualifizieren Lehrerkollegen für Fremdsprachenlehren:

*1) **Magistertitel in bestimmter Fremdsprachenphilologie oder Angewandten Linguistik im Bereich der bestimmten Fremdsprache und pädagogische Ausbildung***

---

[128] Ebd.

2) *Hochschulstudium in dem Land, in dem die bestimmte Fremdsprache eine Amtssprache ist und pädagogische Ausbildung"[129]*

Im weiteren Teil der Verordnung wurde die Frage der fachlichen Kompetenzen der Fremdsprachenlehrer in Kindergarten erweitert:

„(...)Kwalifikacje do nauczania języków obcych w przedszkolach, szkołach i placówkach, z wyjątkiem kolegiów nauczycielskich posiada osoba, która:

1) *ma kwalifikacje określone w ust. 1 lub*

2) *ukończyła studia pierwszego stopnia:*

    a. *na kierunku filologia w specjalności danego języka obcego oraz posiada przygotowanie pedagogiczne lub*

    b. *w specjalności danego języka obcego oraz lingwistyki stosowanej w zakresie danego języka obcego oraz posiada przygotowanie pedegogiczne lub*

3) *ukończyła nauczycielskie kolegium języków obcych w specjalności odpowiadającej danemu językowi obcemu, lub*

4) *ukończyła studia wyższe na dowolnym kierunku (specjalności) i legitymuje się*

    a. *świadectwem złożenia państwowego nauczycielskiego egzaminu z danego języka obcego stopnia I lub II*

    b. *świadectwem znajomości danego języka obcego w stopniu zaawansowanym lub biegłym oraz posiada przygotowanie pedagogiczne.*

(...)Kwalifikacje do nauczania języków obcych w przedszkolach posiada również osoba, która ma kwalifikacje do pracy w przedszkolach, a ponadto legitymuje się świadectwem znajomości danego języka obcego w stopniu co najmniej podstawowym i która ukończyła studia podyplomowe lub kurs kwalifikacyjny w zakresie wczesnego nauczania języka obcego."[130]

Übersetzung: „(...)Die Qualifikationen für das Fremdsprachenlehren in Kindergarten und Schulen hat eine Person, die:

1) *Die Qualifikationen besitzt, die im 1. Gesetzt geregelt wurden oder*

2) *Folgende Grundstudiengänge abgeschlossen hat:*

    a. *Fremdsprachliche Philologie und pädagogische Ausbildung*

    b. *Angewandte Linguistik im Bereich der bestimmten Fremdsprache und pädagogische Ausbildung oder*

3) *Einen Abschluss des Lehrerkollegiums hat, Fachgebiet: bestimmte Fremdsprache, oder*

4) *Einen Hochschulabschluss besitzt und sich folgendermaßen legitimiert hat:*

    a. *mit einem staatlich anerkannten Zeugnis in einer Fremdsprache der I oder II Stufe*

    b. *mit einem Zeugnis, das eine fließende sprachliche Kompetenz nachweist und hat eine entsprechende pädagogische Ausbildung*

---

[129] Vgl. Rozporządzenie o kwalifikacjach nauczycieli, Dziennik ustaw z dnia 14.03.2015
[130] Ebd.

(...) Eine Person, die bereits die Qualifikationen besitzt im Kindergarten zu unterrichten, kann die Fremdsprache im Kindergarten unterrichten wenn: sie mindestens über die Grundkenntnisse in einer Fremdsprache verfügt und ein postgraduales Studium oder einen Qualifikationskurs im Bereich der frühen fremdsprachlichen Bildung abgeschlossen hat"

Nach dem Gesetzblatt des Bildungsministeriums erhalten die Fremdsprachenlehrer in Kitas ein breites Spektrum an Qualifizierungsmöglichkeiten. Während der telefonischen Befragung ist es mir gelungen, die Informationen zu sammeln, welche Qualifikationen die Fremdsprachlehrer in Kitas des Görlitzer Umkreises haben. Die erhobenen Daten wurden auf einem Diagramm dargelegt:

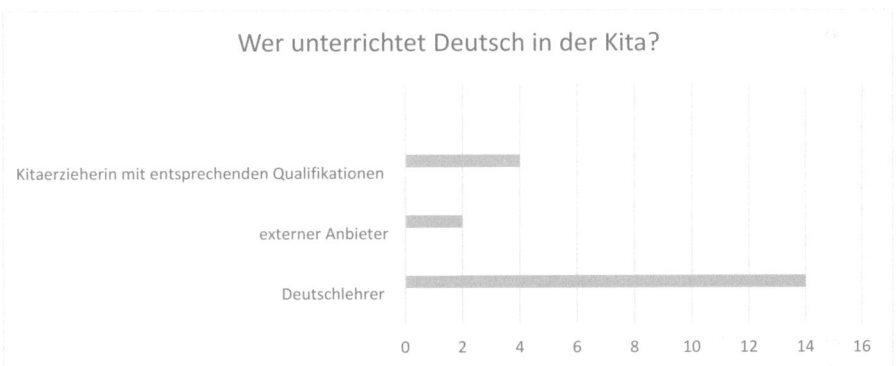

Abb. 5 Personal bei Fremdsprachunterricht in einer polnischen Kita, Quelle: Eigene Bearbeitung

Aus den 20 Kitas, die die Nachbarsprache Deutsch anbieten, wird Deutsch nur in zwei Kitas in Form einer unkonventionellen „Begegnung" unterrichtet. Damit wird gemeint, dass Deutsch in den Tagesablauf des Kindergartenkindes eingeflochten ist. Desweiteren überwiegt eindeutig ein regelmäßiges Sprachangebot. Im Durschnitt haben die Kinder 30 Minuten Deutschunterricht pro Woche. Bemerkenswert ist sicherlich die Tatsache, dass für bestimmte Orte sich auch Tendenzen im Sprachunterricht ausgebildet haben. In Bogatynia bevorzugen mehrere Kitas (5 von 6) ein Deutschangebot in einer musikalischen Form, verbunden mit Rhythmik.

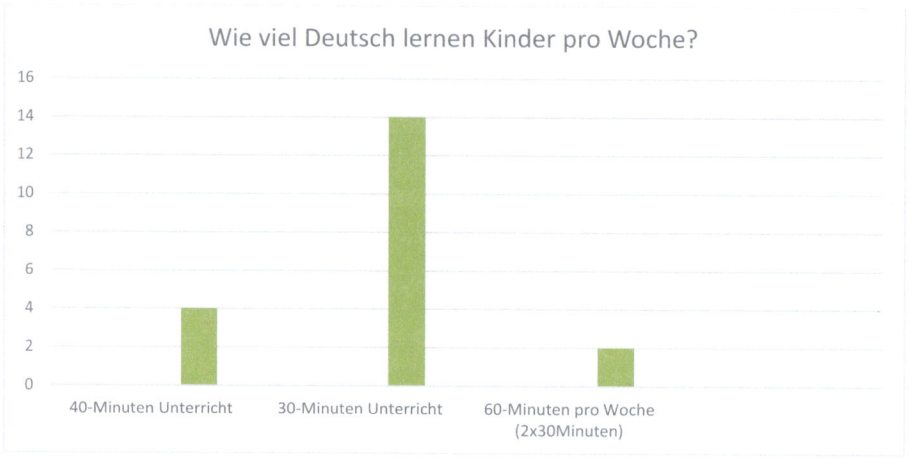

Abb. 6 Häufigkeit des Deutschunterrichts

Abb. 7 Altersbeginn mit dem Deutschunterricht in der Kita

Relativ wenige Kitas pflegen zurzeit die Partnerschaft mit der Kita aus dem Nachbarland, obwohl viele bezeugten wie wertvoll die Partnerschaft in der Vergangenheit gewesen sei. Darüber hinaus zeigten alle Kitas, außer einzelne Kitas in Sulików, Węgliniec und Zawidów, ein hohes Interesse an der Zusammenarbeit mit einer Kita aus dem Nachbarland. Als ich nach den Hindernissen für das Pflegen einer Partnerschaft fragte, hörte ich vor allem: schlechte Erfahrungen in der Vergangenheit (3 Kitas), Mangel an finanziellen Mitteln oder die Einrichtung sei zu klein (4 Kitas), Zeitmangel, organisatorische Probleme (5 Kitas). In Kitas ohne Deutschangebot besteht auch kein Interesse für Partnerschaft. Als Grund gaben sie in der Regel an: Fehlende Initiative von der Seite der Eltern, kein Bezug zu der deutschen Sprache, fehlende finanzielle Kapazitäten, größeres Interesse an Englisch. Es gibt jedenfalls Hoffnung in den guten Absichten von zahlreichen Kindergartenleiterinnen. Das beste Beispiel für eine gelungene deutsch-polnische Partnerschaft ist „Przedszkole Niepubliczne Numer 2 w Zgorzelcu" (Private Kita Nummer 2 in Zgorzelec), die schon seit 21 Jahren die Zusammenarbeit mit der Kita „Zwergenhaus" in Görlitz pflegt.

6.1 Private vs. staatliche Kita und Nachbarsprachangebot & Partnerschaft mit der Kita aus dem Nachbarland

Der entscheidende Unterschied zwischen der privaten und staatlichen Kita bezieht sich in erster Linie auf die vielfältigen Möglichkeiten, die den Kitaleiterinnen zur Verfügung gestellt werden. Seit 1991 gibt es in Polen die Teilung in staatliche und private (nicht-staatliche) Kindergärten.[131] Städtische Selbstverwaltungen und Gemeindeselbstverwaltungen sind zwar nicht dazu verpflichtet, Kitas zu gründen - sie tun es jedoch sehr gerne, da sie den Vorschulunterricht ab einem Alter von 6 Jahren bereits integrieren können. Die Schulaufsichtsbehörde hat die pädagogische Aufsicht über die staatlichen und privaten Einrichtungen.

Private Kitas werden von juristischen Personen: Unternehmen, Aktionsgesellschaften, Stiftungen, Religionsgemeinden oder von einem Rechtssubjekt gegründet. Das Gesetz des Bildungsministeriums regelt ganz präzise die geltenden Bedingungen für die Gründung und Koordinierung einer Kita. Viele privaten Unternehmer können ihre Immobilien für die Einrichtung des Kindergartens zur Disposition stellen, dank dessen erreichen sie eine organisatorische Unabhängigkeit von Selbstverwaltungen. In einer privaten Kita sind natürlich die Gebühren für die Bildung des Kindes häufig höher als in einer staatlichen Kita.

Ob die Handlungsmöglichkeiten einer privaten und staatlichen Kita in Bezug auf das Fremdsprachenangebot tatsächlich so drastisch unterschiedlich sind, sollte aufgrund der von mir durchgeführten Gespräche aufgeklärt werden. Für den Vergleich wurde die private Kita Nummer 2 in Zgorzelec und die Staatliche Kita Nummer 7 in Bogatynia berücksichtigt.

In der Görlitzer Kita gibt es das zweisprachige Angebot: Englisch und Deutsch. Beide Sprachen werden seit dem 3.Lebensjahr unterrichtet. Im Kindergarten lernen insgesamt 34 Kinder - alle lernen Englisch kennen, 80% nutzen auch zusätzlich das Deutschangebot aus (die Entscheidung, ob das Kind auch Deutsch in der Kita lernen sollte, wird von den Eltern

---

[131] Vgl. Podstawa programowa wychowania przedszkolnego z dnia 18.06.2014

getroffen). Deutsch wird von einem externen gewerblichen Anbieter organisiert - das Fremdsprachenzentrum ATUT. Die Unterrichte finden zweimal pro Woche statt, jedes Mal 30 Minuten (für jüngere Kinder 20 Minuten). Das Lernen erfolgt in kleinen Gruppen - ca. 10 Personen und wird von einem Deutschlektor durchgeführt. Das Kind bekommt eine Möglichkeit die Spielreime und Lieder auf Deutsch kennen zu lernen. Außerdem werden ihnen ca. 200 neue Wörter und grundlegende Satzstrukturen in einer Fremdsprache beigebracht.

In der staatlichen Kita Nummer 7 in Bogatynia gibt es ebenfalls ein komplexes Sprachangebot, Englisch und Deutsch. Was die Häufigkeit des Unterrichts angeht, wird Englisch zweimal in der Woche jeweils 30 Minuten unterrichtet, Deutsch einmal in der Woche 30 Minuten sowohl für ältere als auch jüngere Kinder. Alle Kinder nehmen an dem Deutschunterricht teil. Der Lehrer kommt aus der nahe gelegenen Grundschule und lehrt vor allem in Form musikalischer Spiele – geeignete Geschichten und Reime werden auf eine spielerische Art und Weise den Kindern beigebracht. In dieser Kita plädiert man auf jeden Fall für die immense Bedeutung der musikalischen Erziehung für die psychologische Entwicklung des Kindes, vor allem für die Unterstützung der sprachlichen Lernvorgänge. Interessant bleibt ebenfalls die Frage der Partnerschaft mit einer Kita aus dem Nachbarland. Seit 21 Jahren pflegt die Kita in Zgorzelec die deutsch-polnische Zusammenarbeit, regelmäßig werden Exkursionen gestaltet, Konzerte organisiert. Außerdem werden die wichtigsten Feste und Feiern (Ostern, Weihnachten) gemeinsam in einer familiären Atmosphäre zelebriert. Pädagogen tauschen auch ihr erworbenes Wissen und Erfahrungen während der zyklischen Treffen aus. Die Situation sieht anders in Bogatynia aus - Kitaleiterinnen mühen sich mit finanziellen Problemen ab, obwohl sie sehr gerne eine Partnerschaft pflegen würden. Zusätzliche Barrieren sind in erster Linie viel zu kleine Räume (laut Einschätzung der Kitaleiterin ca. $17 - 20m^2$) in den Kindergärten, die für mehrere Kinder leider nicht ausreichend Freiraum bieten. Zurzeit besteht lediglich die Möglichkeit, deutsch-polnische Begegnungen in der Sommerzeit zu initiieren, da man mit den Kindern viel an der frischen Luft unternehmen kann. Bisher trafen sich die Pädagogen aus den beiden Ländern Polen und Deutschland zum Erfahrungsaustausch und gemeinsamen Fortbildungen.

Sofern das Nachbarsprachangebot in privaten und staatlichen Kitas so extrem unterschiedlich ist, haben oft die privaten Einrichtungen einfach ein besseres ökonomisches Kapital. Dank dessen können sie natürlich souveräner in ihren Tätigkeiten wirken. Am wichtigsten sind jedoch, meiner Meinung nach, die Interessen für die Sprache des Nachbarn und die

Partnerschaft mit einer Kita aus dem Nachbarland - die abgesehen von dem Status der Kita vorhanden sind.

7 Zusammenfassung

Das Thema des Spracherwerbs bleibt, nach wie vor, spannend. Die theoretischen Grundlagen weisen deutlich darauf hin, dass für die Entwicklung der sprachlichen Kompetenzen das Vorschulalter entscheidend ist. Von daher mag es gar nicht mehr so überraschend vorkommen, die Idee der mehrsprachigen Erziehung in Kitas umzusetzen. Der Nachbarspracherwerb mit seiner Spezifik muss jedoch entsprechend verstanden werden - es handelt sich denn nicht mehr um einen ganz üblichen „Fremdspracherwerb", man bemüht sich mehr auf das Wort „fremd" überhaupt zu verzichten. In einem Grenzraum bekommt das Kind sowieso andere Möglichkeit die Nachbarsprache zu lernen, in Begegnungen voller Authentizität. Es lässt sich schon fast behaupten, dass der frühe Nachbarspracherwerb lediglich ein Phänomen der Grenzregionen ist.

Initiativen wie „Nachbarsprache von Anfang an!" fördern die Eigenschaften der Grenzgebiete, die am schönsten sind. Indem man anfängt bereits im Kindergarten die Kinder nachbarsprachlich zu erziehen, bringt man ihnen in erster Linie die wichtigsten Lebenswerte: Toleranz und Respekt für den Mitmenschen aus einem anderen Land und Kulturkreis bei. Auf eine interessante Weise werden die Eltern und Pädagogen dazu ermutigt, dass die deutsche Sprache in einer polnischen Kita und die polnische Sprache in einer deutschen Kita das kindliche Weltbild positiv beeinflussen kann.

Gelingende nachbarsprachliche Bildung erfordert viel Engagement von den Fachkräften der Bildungslandschaft. Es ist aber vor allem eine Chance das sprachliche Potenzial des Kindes rechtzeitig entwickeln zu können. Inspirierend für weitere Aktivität der LaNa ist schlechthin die Tatsache, dass sowohl in dem sächsischen als auch in dem polnischen Grenzraum gute Voraussetzungen für die Umsetzung der nachbarsprachlichen Angebote vorhanden sind. In *Powiat Zgorzelecki* befinden sich mehrere Kitas, die bereits erste Erfahrungen mit der nachbarsprachigen Arbeit aufzeigen. Von der Arbeit der LaNa können die Kindergarteneinrichtungen des sächsisch-polnischen Grenzraums lediglich profitieren. In der Leistungsbereitschaft und Teamfähigkeit liegt der Schlüssel zum Erfolg in der Schule. Neugier und Lust am Entdecken bestimmen die kindliche Persönlichkeitsentwicklung. Nachbarsprachenlernen hilft diese Eigenschaften zu fördern und trägt wesentlich zur Entstehung einer besonderen Sprachbiographie des Kindes bei.

8 Quellenverzeichnis

Literaturquellen:

1. Krenz, Armin (2014): *Grundlagen der Elementarpädagogik. Unverzichtbare Eckwerte für eine professionell gestaltete Frühpädagogik. Handbuch für die Praxis.* München, Burckhardthaus- Laetare Verlag.

2. Ushioda, Ema (2008): *Motivation and good language learners. Lessons from Good Language Learners.* Cambridge, Cambridge University Press.

3. Huppertz, Norbert (1999): *Wo stehen wir in der Kindergarten-Vorschulpädagogik?* In: *Konzepte des Kindergartens,* Oberried, S. 10-15

4. Hüther, Gerald (2014): *Jedes Kind ist hochbegabt,* München, Albrecht Kanus Verlag.

5. Vogel, Thomas (2010): *Warum Polnisch lernen? Überlegungen aus der deutsch-polnischen Grenzregion,* In: Mehlhorn, Grit, Werbestrategien für Polnisch als Fremdsprache an deutschen Schulen, Hildesheim, Olms Verlag, S. 107

6. Holt, Lori (2003): *Speech percpetion within auditory cognitive science framework,* In: Current Directions in Psychological Science 17/1, S. 112

7. Nauwerck, Patricia (2011): *Zweisprachigkeit im Kindergarten: Konzepte und Bedingungen für das Gelingen,* München, Fillibach Verlag.

8. Clark, Eve (1995): *The Lexicon in Acquisition,* Cambridge, Cambridge University Press.

9. Butzkamm, Wolfgang (1999): *Wie Kinder sprechen lernen: Kindliche Entwicklung und die Sprachlichkeit des Menschen,* Paris, Springer Verlag France.

10. Wode, Henning (1993): *Lernen in der Fremdsprache – Grundzüge von Immersion und bilingualem Unterricht,* Ismaning, Hueber.

11. Franceschini, Rita (2003): *„Viele Wege führen zum Ziel"- Erfahrungen und Anregungen aus Beobachtung des Frühfranzösischunterrichts in Saarland,* In: Frühes Lernen- Bildung im Kindergarten, Saarbrücken, Beltz, S. 15-19

12. Jean, Piaget (1993): *Das Symbolische Denken und das Denken des Kindes. Frankfurt am Main,* DTV/Klett- Cotta.

13. Elschenbroich, Donata (2001): *Weltwissen des Siebenjährigen. Wir Kinder die Welt entdecken können,* München, Antje Kunstman Verlag.

14. Szagun, Gisela (1997): *Wie Sprache entsteht. Spracherwerb bei Kindern mit normalem und beeinträchtigen Hören,* Weinheim, Beltz.

15. Judy, Gilbert (2008): *Teaching Pronunciation Using the Prosody Pyramid*, Cambridge, Cambridge University Press.

16. Grzegorz, Śpiewak (2015*): Motywacja przez małe „m" w dydaktyce,* In: Języki Obce w Szkole, S. 54-59

17. Dieter, Wolf (1993): *Sprachbewusstsein und die Begegnung mit Sprachen.* In: *Die Neueren Sprachen*, S. 32.

18. Kielar- Turska (2000): *Średnie dzieciństwo. Wiek przedszkolny.* In: Psychologia rozwoju człowieka. Warschau, Wydawnictwo Naukowe PWN. S. 90-95

19. Ellen, Ryan (1993): *Age- based perceptions of language performance among younger and older adults.* In: Communication Research, S. 34

20. Remo, Large (2002): *Kinderjahre. Die Individualität des Kindes als erzieherische Herausforderung,* München, Piper Verlag.

21. Günther, Britta (2005): *Erstsprache, Zweitsprache, Fremdsprache: Eine Einführung,* Weinheim, Beltz Verlag.

22. Faust- Siehl, Gabriele (2001): *Die Zukunft beginnt in der Grundschule,* Reinbek, Rowohlt Verlag.

23. Weskamp, Ralf (2002): *Lesen in der fremden Sprache. Lernstrategien für fortgeschrittene Lerner*, In: Zeitschrift für das Lehren und Lernen fremder Sprachen 4/02, S.20

24. Sächsisches Bildungsinstitut und ZNL TransferZentrum für Neurowissenschaften und Lernen (2013): *Fokus Kind. Impulse für gelingendes Lernen.* München, Klett.

25. Butzkamm, Wolfgang (1999): *Wie Kinder sprechen lernen. Kindliche Entwicklung und die Sprachlichkeit des Menschen*, Tübingen, Francke.

26. Tracy, Rosemarie (1991): *Sprachliche Strukturentwicklung. Linguistische und kognitionspsychologische Aspekte einer Theorie des Erstspracherwerbs*, Tübingen, Günter Narr Verlag.

27. Bußman, Hadumod (2008): *Lexikon der Sprachwissenschaft*, München, Alfred Kröner Verlag.

28. Rothweiler, Monika (1999): *Spezifische Sprachentwicklungsstörung und kindlicher Zweispracherwerb* In: Sprache, Emotion, Bewusstsein, R. Bahr & C. Iven (Hrsg.), S. 154

29. Bergmann, Pia (2013): *Prosodic Phonology,* In: Theories and methods in Linguistics, Berlin, de Gruyter, S. 72-80

30. Grimm, Hannelore (2002): *Störungen der Sprachentwicklung: Grundlagen-Ursachen- Diagnose- Intervention- Prävention*, Göttingen, Hogrefe.

31. Hoffmann, Ludger (2000): *Reflexionen über die Sprache,* In: Kulturwissenschaftliches Institut, Bielefeld, transcript.

32. Menyuk, Paula (2000): *Wichtige Aspekte der lexikalischen und semantischen Entwicklung,* In: Birbaumer, Niels, Sprachentwicklung. Enzyklopädie der Psychologie, Göttingen, Hogrefe, S. 174

33. Meibauer, Jörg (1999): *Language acquisition and children's literature,* In: The Oxford Encyclopedia of Childrens Literature, Oxford, Oxford University Press, S. 91

34. Tomasello, Michael (2000): *Do young children have adult syntactic competence?,* In: Cognition, Oxford, Oxford University Press, S. 83-86

35. Auer, Peter (2013): *Sprachwissenschaft. Grammatik- Interaktion- Kognition.* Weimar, Stuggart, Metzler Verlag.

36. Oskaar, Els (1987): *Soziokulturelle Perspektiven von Mehrsprachigkeit und Spracherwerb,* Tübingen, Narr Verlag.

37. Pfänder, Stefan (2013): *Entstehung der Sprache,* In: Sprachwissenschaft. Grammatik- Interaktion- Kognition. Weimar, Stuggart, Metzler Verlag. S. 319-337

38. Pinker, Steven (1984): *Der Sprachinstinkt. Wie der Geist die Sprache bildet.* München, Spektrum Verlag.

39. Levinson, Stephen (2010): *The Myth of Language Universals: Language diversity and its importance for cognitive science,* In: Behavioral and Brain Sciences. S. 10-15

40. Kubanek-German, Angelika (2001): *Kindgemäßer Fremdsprachenunterricht,* Münster, Waxmann Verlag.

41. Wittgenstein, Ludwig (1918): *Vorlesungen und Gespräche über Ästhetik, Psychologie und Religion,* Göttingen, Vandenhoeck and Ruprecht.

42. Chomsky, Noam (1995): *Sprache als Organ, Sprache als Lebensform,* Frankfurt, Suhrkamp.

43. Riehl, Claudia (2013): *Mehrsprachigkeit. Eine Einführung.* Darmstadt. Wissenschaftliche Buchgesellschaft.

44. Friederici, Angela (2003): *Neuropsychologische Aspekte der Sprachverarbeitung,* In: Die Sprachheilarbeit, S. 44

45. Götte, Rose (2002): *Sprache und Spiel im Kindergarten. Praxis der ganzheitlichen Sprachförderung in Kindergarten und Vorschule,* Frankfurt am Main, Beltz.

46. Baker, Colin (2001): *Attitudes and languages,* Multilingual Papers.

47. Mróz, Aneta (2011): *Gry i zabawy w procesie nauczania języków obcych, In: Języki obce w szkole,* S. 47-51

48. Meisel, Jürgen (1987): *Two First Languages- Early Grammatical Development in Bilingual Children,* Dordrecht, Foris.

49. Jampert, Karin (2005): *Schlüsselkompetenz Sprache. Sprachliche Bildung und Förderung im Kindergarten. Konzepte, Projekte, Maßnahmen,* München, Verlag das NETZ.

50. Bien-Lietz, Malgorzata, Vogel, Thomas (2008): *Frühstart in die Nachbarsprache. Handbuch für den Spracherwerb in der deutsch-polnischen Grenzregion.* Frankfurt (Oder), Europa- Universität Viadrina.

51. Gellrich, Regina, Bartusiak, Anne, Schönfelder, Mariann (2015): *Frühe nachbarsprachige Bildung in Kitas der sächsischen Grenzregionen. Bestandaufnahme 2014/2015.* Landkreis Görlitz.

52. Gellrich, Regina (2008): *Chance Grenzregion: Förderung des Nachbarspracherwerbs in der Lernenden Region PONTES,* In: Mehlhorn, Grit, Werbestrategien für Polnisch als Fremdsprache an deutschen Schulen, Hildesheim, Olm.

53. Kaiser, Ruth (1992): *Studienbuch Pädagogik. Grund- und Prüfungswissen.* Berlin, Cornlesen Lehrbuch.

54. Dziennik Ustaw Reczpospolitej Polskiej, Rozporządzenie o Kwalifikacjach Nauczycieli, Warszawa 2014.

55. Braunek, Anna (2013): *Powszechność nauczania języków obcych w roku szkolnym 2012/2013,* Warszawa, ORE.

56. Raasch, Albert (2008): *Grenzkompetenz- von der Definition zur Evaluation zur Anwendung,* In: Bien-Lietz, Malgorzata, Vogel, Thomas: Frühstart in die Nachbarsprache. Handbuch für den Spracherwerb in der deutsch- polnischen Grenzregion, Frankfurt (Oder), Europa-Universität Viadrina.

57. Landkreis Görlitz (2014): *Zukunft durch Bildung im Landkreis Görlitz. Mit Energie und ohne Grenzen! Publikationen- Produkte- Konzepte 2009/2014,* Görlitz.

58. PONTES- Agentur (2013): *Partnerschaften in unserer Grenzregion*, In: Zeitung für Kinder. Entwicklungsgesellschaft Niederschlesische Oberlausitz, Reichenbach.

Internetquellen:

1. *Nachbarsprachkoffer stehen nun zur Ausleihe bereit* (Stand 07.03.2016): DIE LANA HOMPAGE:URL:http://www.nachbarsprachen-sachsen.eu/blog/allgemein/nachbarsprachkoffer-stehen-nun-zur-ausleihe-bereit.html

2. *Wie läuft aktuell?* (Stand 07.03.2016): DIE LANA HOMPAGE:URL: http://www.nachbarsprachen-sachsen.eu/de/termine-aktuelles.html

3. *Nachbarsprachen in der Kita* (Stand 08.03.2016): DIE LANA HOMPAGE: URL: http://www.nachbarsprachen-sachsen.eu/de/nachbarsprachen-in-der-kita.html

4. *Rahmenbedingungen* (Stand 08.03.2016): DIE LANA HOMPAGE: URL: http://www.nachbarsprachen-sachsen.eu/de/rahmenbedingungen.html